LES
GANDINS

PAR

LE VICOMTE PONSON DU TERRAIL

auteur de

La Jeunesse du Roi Henri, le Diamant du Commandeur, les Drames de Paris, les Exploits de Rocambole, le Club des Valets de Cœur, La Revanche de Baccarat, la Dame au Gant noir, les Compagnons de l'Épée ou les Spadassins de l'Opéra, la Belle Provençale, la Cape et l'Épée, la Contessina, les Cavaliers de la Nuit, Bavolet, Diane de Lancy, la Tour des Gerfauts.

IV

PARIS

L. DE POTTER, LIBRAIRE-EDITEUR

RUE FONTAINE MOLIÈRE, 27

LES GANDINS

LES MARIONNETTES DU DIABLE
PAR XAVIER DE MONTÉPIN

LA JEUNESSE DU ROI HENRI
ROMAN HISTORIQUE
PAR LE VICOMTE PONSON DU TERRAIL

UNE FEMME A TROIS VISAGES
PAR CH. PAUL DE KOCK

LE ROI DES GUEUX
PAR PAUL FÉVAL

LES ÉMIGRANTS
PAR ÉLIE BERTHET

LES PRINCES DE MAQUENOISE
PAR H. DE SAINT-GEORGES

LES
GANDINS

PAR

LE VICOMTE PONSON DU TERRAIL

auteur de

La Jeunesse du Roi Henri, le Diamant du Commandeur, les Drames de Paris, les Exploits de
Rocambole, le Club des Valets de Cœur, La Revanche de Baccarat, la Dame au Gant noir,
les Compagnons de l'Épée ou les Spadassins de l'Opéra, la Belle Provençale,
la Cape et l'Épée, la Contessina, les Cavaliers de la Nuit, Bavolet,
Diane de Lancy, la Tour des Gerfauts.

IV

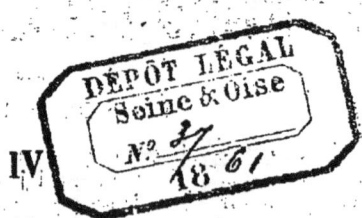

PARIS

L. DE POTTER, LIBRAIRE-ÉDITEUR

RUE FONTAINE MOLIÈRE, 27

Droits de traduction et de reproduction réservés.

1861

LES
PRINCES DE MAQUENOISE

PAR
H. DE SAINT-GEORGES

auteur de l'*Espion du grand monde*, un *Mariage de prince*, et des œuvres dramatiques suivantes : les *Mousquetaires de la Reine*, le *Val d'Andorre*, la *Reine de Chypre*, la *Fille du régiment*, etc., etc.

Les *Princes de Maquenoise* ont produit une grande impression à leur apparition.

Cette impression est dûe non-seulement au mérite de ce livre et au nom de l'auteur, mais à ce qu'on y retrouve les brillantes qualités des meilleures productions de M. de Balzac.

Originalité puissante du sujet, observation merveilleuse du cœur humain et de la vie sociale, de la vie de Paris, surtout ; cette tendre et religieuse philosophie de l'âme qui touche parfois aux idées les plus élevées, et explique la popularité si générale, si européenne des romans de Balzac, voilà ce qui existe à un degré très-éminent dans les *Princes de Maquenoise*.

Quant à la partie théâtrale et saisissante du drame, on peut s'en rapporter à M. de Saint-Georges, l'auteur de tant d'ouvrages dramatiques qui depuis quinze années font la fortune de tous les théâtres de notre capitale et des pays étrangers.

Un auteur d'une grande valeur, Mme Ch..... R......, disait en achevant un livre de M. de Saint-Georges : Quand on termine un de ses chapitres on croit toujours voir baisser la toile.

C'est à la fois un grand éloge et une vérité.

LES
MYSTÈRES DE LA CONSCIENCE

PAR
ÉTIENNE ÉNAULT

La conscience est assurément le plus étrange et le plus terrible attribut de l'âme humaine. Le roman et le théâtre l'ont déjà étudiée en ses diverses manifestations. Mais, nous osons le dire, jamais ses mystères n'ont été aussi savamment approfondis que dans l'œuvre dont nous signalons ici la publication.

Presque toutes les fois qu'on a dramatisé le remords, on a mis en scène des assassins n'inspirant que terreur ou dégoût et fatalement marqués pour l'échafaud. Tôt ou tard la loi intervient, les coupables sont punis, en sorte que la justice de Dieu, n'est, en réalité, que la justice des hommes. Conclusion salutaire mais incomplète. Dans LES MYSTÈRES DE LA CONSCIENCE, M. Étienne Énault a voulu dégager le principe divin de toute appréhension causée par le code criminel et donner ainsi au remords son caractère le plus saisissant et le plus moral, Il a fait de Maxime Tréhouart une sorte d'ange rebelle, dont le forfait n'est point irréparable, mais qui a résolu de dompter sa conscience. Dans une lutte acharnée le titan est vaincu, et son repentir amène sa rédemption. Ici, tout est indépendant de la vindicte sociale. Dieu seul est le justicier : ce qui prouve que rien n'échappe à sa loi souveraine, éternelle.

Autour du personnage principal, dessiné avec une vigueur peu commune, se groupent des types variés, odieux ou charmants, qui rappellent l'énergie de Balzac et la grâce de George Sand. Quant au style, nous croyons qu'aucun ouvrage dramatique n'est écrit avec plus de force, d'élégance et de pureté.

Paris. — Imprimerie de P.-A. BOURDIER et Cie, 30, rue Mazarine.

CHAPITRE PREMIER.

I.

Miss Sarah frappa du pied avec impatience :

— Mais dites-moi donc ce que vous savez sur lui ! fit-elle.

— Eh bien ! écoutez...

— Voyons ?

— Le comte de Morangis a tourné la tête à une jeune fille qu'il refusait d'épouser, et il l'a rendue folle.

— Elle était donc laide ?

— Elle était belle.

— Pauvre ?

— Cent cinquante mille livres de rente.

— De naissance obscure ?

— Elle portait un beau nom ; sa mère était comtesse.

— Alors... pourquoi...

Le Russe fit un geste d'épaules qui signifiait : c'est inexplicable ! Et il continua.

— Le comte de Morangis a séduit une fille du nom de Nana. Il n'aimait pas plus celle-là que la jeune fille honnête et pure. Il l'a fait souffrir à ce point qu'elle est devenue une créature infâme et terrible, se vengeant sur la société tout entière du mal qu'il lui a fait.

— Bon ! Après ? fit miss Sarah.

Le Russe reprit.

— Le comte s'est fait aimer d'une femme belle et vertueuse entre toutes, la baronne Pauline de Nesles.

— Je connais ce nom là, interrompit miss Sarah.

— La baronne a résisté, lutté bien longtemps; un jour elle a failli succomber, et le comte a été tout près de triompher. Un hasard providentiel a sauvé la pauvre femme. Eh bien! savez-vous ce qui est arrivé?

— Non.

— Le baron, qu'on avait prévenu, qui avait des soupçons et n'osait les approfondir, le baron est allé trouver M. de Morangis et il l'a adjuré, sur l'honneur, de lui dire la vérité. Eh bien! le comte a gardé le silence, — un silence qui était une calomnie, un silence qui condamnait la malheureuse femme à tout jamais. — Le lendemain ils se sont battus; et voyez la justice divine! c'est le baron qui a été tué...

Miss Sarah arrêta d'un geste le Moscovite :

— Assez! dit-elle.

En ce moment, la jeune anglaise qui abritait sa vue de sa main blanche et mignonne, aperçut un point noir sur le sillon blanc de la route.

— Tenez, dit-elle, regardez!

— C'est une chaise de poste, dit le Russe.

— C'est lui! dit miss Sarah avec une joie sauvage.

. . . .

C'était, en effet, une chaise de poste que miss Sarah avait aperçue du haut de la terrasse qui ceignait le château de Mailly-sur-Yonne.

Cette chaise qui venait d'Auxerre, avait relayé à Châtel-Censoir et courait avec rapidité vers le château de Mailly, situé à cinq lieues de cette petite ville.

Elle renfermait deux jeunes gens.

Les porte-manteaux de derrière contenaient deux fusils, et l'un des deux jeunes gens avait entre les jambes un superbe chien d'arrêt de race anglaise et robe tricolore qu'il appelait John Bull.

Ce dernier n'était autre que le comte de Morangis.

Son compagnon était M. Gustave Chaumont, son meilleur ami.

— Mon cher ami, disait M. Gustave

Chaumont, sait-tu que je suis étonné de me trouver ici?

— Bah! fit le comte; et pourquoi donc, cher?

— Parce que je m'étais fait un serment.

— Un serment!...

— Oui, je m'étais juré, le jour de ton duel avec ce pauvre de Nesles, de ne jamais te revoir.

— Ah! par exemple!... la plaisanterie est charmante.

— Du tout. Ce n'est point une plaisanterie, crois-le bien.

— Et pourquoi ne voulais-tu point me revoir.

— Mais, répondit M. Chaumont avec sa franchise habituelle, parce que tu me faisais horreur...

— Charmant !

Et le comte eût son rire sec et moqueur habituel.

— Que veux-tu ? poursuivit M. Chaumont ; je suis peut-être un bourgeois, un niais, un homme vulgaire, mais je ne comprends pas certaines choses.

— En vérité!

— Ta conduite dans cette affaire a été déplorable, presque odieuse...

— Tout beau! fit le comte, prends garde! tu vas m'insulter.

— Ah! fit M. Gustave Chaumont en haussant les épaules, j'ai le droit de tout te dire, moi.

— Tu crois?

— Je suis ton plus vieil ami...

— Qu'importe !

— Et je t'ai rendu assez de services pour avoir mon franc parler.

— Mon cher, répondit le comte en ricanant, j'ai pour habitude, avec toi, de ne jamais me fâcher. Ainsi, parle comme tu l'entendras.

— J'ai dit... fit M. Gustave Chaumont. Je me suis juré, le jour où tu as tué le baron, de rompre avec toi.

— Ah !... Et c'est pour cela que tu es parti le soir pour l'Italie ?

— Justement... A mon retour, j'ai eu le déplaisir de te rencontrer à la gare du chemin de fer de Lyon. Il y avait cinq mois que nous ne nous étions vus, et mon premier mouvement a été de te sauter au cou. Puis, acheva M. Gustave Chaumont, le hasard a fait encore que j'ai trouvé, en rentrant chez moi, une invitation de Victor Séclain, qui t'engageait pareillement à venir chez lui.

— De telle sorte, dit le comte, que nous sommes partis ensemble.

— Justement. Mais tu sais que je vais exiger de toi une promesse?

— Laquelle?

— Séclain a toujours du monde chez lui et sa femme est charmante.

— Je le sais.

— Tu vas me donner ta parole de chasser du matin au soir et de ne t'occuper ni de Madame Séclain, ni d'aucune des femmes que tu verras chez elle...

— Ah! pardon, mon cher, dit froidement M. de Morangis, ceci ne te regarde pas

— Peut-être...

— Cependant je veux bien te rassurer à moitié.

— Ah !

— Et te promettre de ne lever mon œil fascinateur ni sur Madame Séclain, ni sur ses amies, à l'exception d'une seule...

— Plaît-il ?

M. de Morangis tira de sa poche un

étui en paille d'Italie, en retira un cigare, et se renversa au fond de la berline de voyage.

— Laisse-moi d'abord, dit-il, te conter une histoire.

— Est-elle longue ?

— Non.

— Alors, j'écoute.

Le comte reprit :

— Figure-toi que le lendemain de mon malheureux duel avec ce pauvre baron de Nesles, je jugeai convenable de quitter Paris pour quelques semaines. L'affaire avait fait du bruit et il était convenable de fuir mon triomphe.

— Après ?

— Je jetai les yeux au hasard sur une carte et mes yeux tombèrent sur la Suisse. La Suisse est pourrie d'Anglais, tu le sais, et quiconque cherche des excentricités peut sans crainte prendre la route de l'Oberland ou celle du lac des Quatre-Cantons.

J'avais fantaisie de séduire une lady blonde et de tuer un Anglais roux.

— Singulière fantaisie!

— Je partis donc pour la Suisse, et trois jours après j'étais à Berne. La saison avait été déplorable; la neige des glaciers avait fondu sous les pluies; le soleil s'était montré brumeux pendant des mois entiers; bref, l'Anglais était rare.

Je ne rencontrai dans tout l'Oberland qu'un Américain qui parcourait le pays en habit noir et en cravate blanche, et un Berlinois qui se plaignait à chaque hôtellerie de la mauvaise qualité de la bière.

CHAPITRE DEUXIÈME.

II

Quinze jours plus tard, j'étais à Lucerne, logé à l'hôtel du Cygne, et je m'apprêtais à en repartir, pour me diriger par les lacs de Zurich, lorsque m'arriva un compagnon de voyage.

— Un Anglais !...

— Non un Irlandais, ce qui est à peu près la même chose.

— En effet, murmura M. Gustave Chaumont.

— Cet Irlandais se nommait O'Neal, et il appartenait à une secte de lakistes.

C'était pour obéir aux pratiques mystérieuses de sa religion qu'il parcourait la Suisse en tous sens, s'embarquant sur tous les lacs navigables et traversant à la nage ceux qui ne l'étaient pas.

Chose rare pour un Irlandais, O'Neal était riche : il avait dix mille livres sterling de revenu et avait souscrit, dans sa jeunesse, pour la statue de O'Connel. Il arriva à Lucerne, un soir, par le bateau à vapeur qui venait de Fluelen et relâchait, un moment, devant la chapelle de Guillaume Tell.

Il avait plu tout le jour, et comme

O'Neal n'avait point voulu quitter le pont un seul instant, il était trempé.

Il descendit à l'hôtel du *Cygne* et se fit servir à souper. On mit son couvert en face du mien. Je m'ennuyais, et je priai le garçon de l'hôtel de me présenter à l'insulaire.

— Singulière présentation !

— Soit, mais je n'avais pas l'embarras du choix, d'autant que, tu le sais, un Anglais vous laisserait mourir de faim ou de soif, s'il ne vous était et si vous ne lui étiez présenté.

— Je connais ces mœurs-là.

— La présentation faite, nous devînmes O'Neal et moi, les meilleurs amis du monde. Trois bouteilles de vin du Rhin le rendirent communicatif; une demi-bouteille de kirsch le convertit au sentiment.

O'Neal était non-seulement Irlandais, lakiste et millionnaire, il était encore amoureux.

— Amoureux de qui, demanda M. Gustave Chaumont?

— Amoureux d'une Anglaise brune, aux yeux noirs et aux cheveux noirs, parfaitement insensible, et pour laquelle on se brûlait par-ci par-là la cervelle aux quatre coins du monde.

— Est-ce que O'Neal songeait à en faire autant?

— Quand je le rencontrai, il méditait un assez beau suicide. Seulement, il manquait d'imagination et ne trouvait aucun genre de mort véritablement original.

— Ah ! monsieur, me dit-il, vous ne savez pas quel assemblage de perfections et de beautés on trouve dans miss Sarah.

Et il me fit un portrait de miss Sarah qui me parut des plus séduisants.

— Où l'avez-vous rencontrée? lui demandai-je.

— Sur le lac de Genève d'abord.

— Et ensuite ?

— Au Righi. C'est là que j'ai osé lui parler.

— Ah ! vous lui avez parlé ?

— Oui, monsieur.

L'Anglais soupira par trois fois, puis il me fit le récit suivant :

« Le bateau à vapeur venait de me débarquer à Kussnach, lorsque j'aperçus devant l'auberge un homme et deux femmes qui montaient à cheval et s'apprêtaient à gravir les flancs escarpés de la montagne. L'une de ces deux femmes était miss Sarah.

» Je pris un cheval et je la suivis à cent pas de distance.

» Au bout de trois heures nous arrivions au point culminant du Righi, et nous descendions à l'auberge qui s'y trouve.

» L'atmosphère était brumeuse; il était impossible de jouir du panorama vanté par toute l'Europe ce jour-là, et il nous fallut coucher sur le Righi pour y attendre le lendemain le lever du soleil. Vous jugez de ma joie. A table, il se trouva un Italien que j'avais rencontré à Nice ; cet Italien connaissait les Anglais, je me fis présenter par lui.

» Miss Sarah m'accueillit par un sourire des plus gracieux. Nous passâmes la soirée ensemble et elle me parla beaucoup de lord Byron.

» Je savais *Child-Harold* et *Don Juan* par cœur. Miss Sarah se plut à m'entendre en réciter des fragments.

» Le lendemain, à trois heures du matin, tout le monde était sur pied à l'hôtel du *Righi Kulm*, et miss Sarah daigna accepter mon bras pour aller voir le lever du soleil.

» A partir de ce moment je perdis la tête, monsieur, et je me crus l'homme le plus heureux du monde.

» De retour à l'hôtel, j'abordai sans hésitation l'Anglais qui accompagnait miss Sarah et qui n'était autre que son beau-frère, et je lui demandai la main de la jeune fille.

» Il m'accueillit avec gravité et me répondit :

» Miss Sarah a vingt-trois ans; elle est maîtresse de sa main et de sa fortune et je ne puis rien décider. Je vais lui transmettre votre demande et je vous promets une réponse pour ce soir, à Küssnach.

» Lord Galwy, c'était le nom de l'Anglais, exigea que je quittasse le Righi et que j'allasse à Küssnach attendre le *oui* ou le *non* de miss Sarah.

» Je descendis et m'installai dans la misérable auberge que vous connaissez sans doute, et où on écorche si bien les voyageurs.

» La journée s'écoula et je vis avec impatience arriver le coucher du soleil.

» Miss Sarah était toujours sur le Righi. La nuit vint. Les Anglais ne descendirent point.

» Allons, pensai-je avec un soupir,

ils ont voulu voir un second lever de soleil.

» Je me mis au lit le cœur plein d'espérance, et je passai une nuit sans sommeil. Au petit jour, un guide arriva d'*Immensée* et m'apprit que, la veille au soir, miss Sarah, sa sœur et son beau-frère s'y étaient embarqués sur le bateau à vapeur de Zug.

» Le guide était porteur d'un billet à mon adresse.

» Je l'ouvris en tremblant et je lus :

« My dear,

» Renoncez à l'espoir de m'épouser.
» Je ne vous aime pas, je ne veux pas
» aimer, je n'ai jamais aimé personne.

» A Londres, à Paris, en Italie, en
» Allemagne, partout où j'ai été, j'ai ren-
» contré de malheureux jeunes gens qui
» se sont épris de ma beauté et n'ont
» trouvé contre un amour sans issue
» d'autre remède que le suicide.

» Vous êtes presque mon compatriote,
» et je vais vous donner un conseil. Le

» meilleur moyen de se guérir du mal
» qui vous ronge est de s'occuper de
» poésie. Lisez les tragédies du poète
» français Ponsard, et vous m'aurez
» bientôt oubliée.

» Votre amie,

» Sarah. »

» A cette lettre était jointe une liste des principaux infortunés morts d'amour pour miss Sarah.

» L'un, à Paris, s'était pendu dans le bois de Boulogne.

» L'autre, à Londres, s'était jeté du pont de Waterloo dans la Tamise.

» Un troisième, à Bade, s'était brûlé la cervelle à la porte du trente et quarante.

» Un quatrième, à Nice, avait voulu mourir comme Sénèque. Il s'était fait ouvrir les veines dans un bain parfumé. »

— Quand il fut parvenu à cet endroit de son récit, reprit le comte de Morangis que M. Gustave Chaumont écoutait toujours attentivement, mon Irlandais soupira de nouveau par trois fois, et me dit :

— Vous comprenez, monsieur, que le moyen de guérison que m'indiquait miss Sarah était une raillerie de plus : Les tragédies de M. Ponsard ne guérissent ni de l'amour ni du spleen. Aussi ai-je résolu de me tuer.

— Ah ! lui dis-je, en vérité ?

— Oui, monsieur.

— Et quand voulez-vous vous tuer ?

— Le plus tôt possible.

— Auriez-vous quelque empêchement ?

— Hélas !

Et l'Irlandais soupira trois fois de plus.

— Figurez-vous, me dit-il, que je ne puis me pendre, ni me noyer, ni me brûler la cervelle, ni m'ouvrir les veines. Miss Sarah trouverait que je manque d'imagination.

— C'est juste, murmurai-je.

— Aussi je cherche un nouveau moyen de suicide...

— Et vous ne le trouvez pas?

— No...

» L'Irlandais formula cette négation d'un ton désespéré.

— Eh bien! lui dis-je consolez-vous : je vais vous fournir un moyen qui vous plaira...

» Mon Irlandais poussa un cri de joie et se jeta à mon cou.

— Comment! interrompit M. Gustave

Chamont, tu lui donnas un moyen de suicide ?

— Certainement.

— Mais tu plaisantais, au moins ?

— Pas le moins du monde. Tu vas voir... »

Et M. le comte de Morangis alluma un nouveau cigare et poursuivit ainsi la narration de ses impressions de voyage en Suisse.

CHAPITRE TROISIÈME.

III

« L'Irlandais, poursuivit le comte, m'avait tendu ses deux mains comme à un ami qui lui aurait sauvé à la fois la vie et l'honneur.

— Mais, lui-dis-je, si je vous indique un moyen de suicide original, c'est à une condition.

— Parlez...

— Une condition expresse...

— Voulez-vous être mon héritier ? me dit-il spontanément.

— Non.

— Alors, dites...

— Vous me donnerez une lettre de recommandation pour miss Sarah.

» Il me regarda avec étonnement.

— Je veux vous venger, lui dis-je.

— Oh! fit-il d'une voix étrange, je lui pardonne ma mort.

— Soit! mais je veux qu'elle vous pleure.

« L'Irlandais poussa un cri sauvage, un cri de joie et il m'appela son ami.

» Je fis venir alors le garçon qui nous servait à table, et je lui demandai du papier et de l'encre.

» Puis, quand il eut placé le tout devant l'Irlandais, je dictai à celui-ci la lettre suivante :

« Miss,

» Permettez à un homme qui sera
» mort lorsque vous recevrez cette lettre
» de vous présenter un de ses bons
» amis, M. le comte Paul de Morangis,
» qui vous fera le récit fidèle de mon
» suicide, et vous dira comment je suis
» mort pour vous.

» Recévez, miss, mes hommages

» d'outre-tombe et croyez-moi

» Votre

» O'NEAL. »

» L'Irlandais écrivit, signa, parapha et scella cette lettre de ses armes. Il était, je crois quelque peu baronnet.

» Quand il eut fini, il me regarda :

— Eh bien ? fit-il.

— Mon cher sir, lui dis-je, vous avez un bel exemple de suicide dans l'histoire de votre pays.

— Lequel ?

— Celui du duc de Clarence, qui se noya dans un tonneau de vin de Malvoisie.

— Oh ! yes, me dit l'Irlandais, mais dans le vin ou dans la Tamise, c'est toujours se noyer.

— Aussi n'est-ce point ce que je veux vous proposer.

— Qu'est-ce donc ?

— Un empoisonnement.

» L'Irlandais parut réfléchir et peser ma proposition.

— Les empoisonnements, me dit-il enfin, font horriblement souffrir.

— Pas celui-là.

— Aoh !

» Et il me regarda avidement.

— Nous sommes en Suisse, poursuivis-je, dans le pays de l'absinthe.

— Aoh !

— Videz-moi d'un trait une bouteille

de cette liqueur, et vous tomberez foudroyé.

» O'Neal eut un rugissement de joie sauvage.

— Vous êtes mon ami, me répéta-t-il en me pressa dans ses bras.

» Puis il dit au garçon :

— Apportez-moi de l'absinthe !

» Le garçon parut assez étonné qu'on lui demandât cet *apéritif* comme une liqueur de dessert; mais je lui fis un signe et il obéit.

— Mon cher monsieur, dis-je alors à l'Irlandais, je suis loin de vouloir vous empêcher d'accomplir votre projet aujourd'hui; cependant...

— Ah! oui, me dit-il, vous voudriez que j'attendisse à demain!

— Dame!

O'Néal parut hésiter.

— Vous avez peut-être besoin de mettre ordre à vos affaires?

— Oh! non, me dit-il, j'ai fait mon testament.

— Vous avez des parents ?

— Oui, mais ils sont riches...

— A qui donc laissez-vous votre bien ?

— A miss Sarah.

» A mon tour, je regardai l'Irlandais avec un étonnement mêlé d'admiration.

— Comment m'écriai-je, vous ne vous contentez pas de mourir pour elle ?

— Non. Je veux qu'elle songe à moi.

— C'est fort beau.

— Et je vous chargerai de lui porter mon testament.

— Je le ferai bien volontiers.

— Vous voyez bien, me dit O'Neal, que rien ne m'empêche de mourir ce soir.

— C'est vrai, mais...

» Je m'arrêtai, il me regarda. Alors je prononçai un mot qui ferait hésiter l'Anglais le plus impétueux :

— *Shocking* !

» Shocking veut dire *inconvenant*.

— Pourquoi? me demanda O'Neal bouleversé.

— Parce que, lui répondis-je, on prend de l'absinthe avant ses repas, et jamais après.

— Aoh ! me dit-il, vous avez raison.

» Et il mit dans la vaste poche de son coachman la bouteille d'absinthe que le garçon venait d'apporter.

— Ce sera pour demain matin, me dit-il.

» Il se leva, accepta un de mes cigares et me dit :

— Allons faire un tour sur le quai. La nuit est belle ; il ne pleut plus.

» Nous nous promenâmes pendant deux heures, O'Neal et moi, et nous causâmes de tout, excepté de miss Sarah et d'absinthe.

» L'Irlandais fut aussi gai que possible. Seulement en rentrant à l'hôtel, il me souhaita le bonsoir, tira sa montre et me dit :

— Ce sera pour dix heures du matin, demain : venez me dire adieu.

— Volontiers, répondis-je. Bonsoir.

» Le lendemain j'entrai chez O'Neal, à neuf heures et demie.

» O'Neal était triste et jetait un mélancolique regard sur le lac.

— Vous regrettez la vie? lui dis-je.

— Non, me dit-il, mais je suis triste...

— Pourquoi ?

— Parce que je vais mourir à jeun. J'aimerais mieux un autre moyen...

» L'objection d'O'Neal était sérieuse. Un Anglais qui se tue à jeun est encore à trouver. Ces fils du spleen n'ont jamais quitté la vie que l'estomac suffisamment lesté.

— Je n'avais point pensé à cela, lui dis-je, et votre observation mérite d'être prise en considératisn.

— N'est-ce pas ? fit-il tout joyeux...

— J'ai bien un autre genre de mort à vous proposer...

J'y ai songé cette nuit.

— Ah! parlez, parlez vite!

— Avez-vous vu la chute du Rhin à Schaffouse?

— Oui certes.

— Où avez-vous logé?

— Au *Schweizerhof*, chez Weber.

— Ne vous a-t-on point parlé du *Trou de l'Enfer*?

— Non. Qu'est-ce que cela?

— C'est une sorte d'abîme dont l'orifice s'entrouvre sur la rive droite du Rhin, à cinq ou six cents mètres de sa chute. Nul n'en a jamais sondé la mystérieuse profondeur. Un bruit sourd en monte à toute heure, et cependant quand on y jette une pierre, on prête vainement l'oreille : on ne perçoit point le bruit de sa chute.

— Vraiment ! fit l'Anglais émerveillé.

— Pourquoi ne vous précipiteriez-vous pas dans le Trou de l'Enfer?

— Bravo ! s'écria O'Neal, c'est cela. Au diable l'absinthe !...

» Et dans sa joie il prit le flacon qu'il

avait placé tout débouché sur sa table de nuit et le lança dans le lac.

» Puis il me dit :

— Combien faut-il de temps pour aller à Schaffouse?

— Une journée et demie.

— Voulez-vous m'accompagner?

— Mais certainement.

— Vous êtes bien réellement mon ami, murmura O'Neal, qui accompagna ces mots de ses trois soupirs habituels.

» La cloche du bateau à vapeur de

Küssnach se faisait entendre en ce moment, O'Neal boucla sa couverture, je fermai ma petite valise et nous partîmes. A quatre heures de l'après-midi nous arrivions à Zurich et prenions le chemin de fer de Schaffouse.

— Nous coucherons chez Weber, dis-je à O'Neal, et demain nous irons voir le Trou de l'Enfer après déjeûner.

» Quatre heures après, nous étions installés sur la terrasse de l'*Hôtel de la chute du Rhin*, contemplant ce merveilleux et grandiose spectacle du vieux fleuve qui se précipite en grondant du haut des rochers.

— Quand vous êtes venu ici, songiez-vous à mourir? demandai-je à mon compagnon.

— Oui, me dit-il. Et j'avais même songé à me jeter dans le Rhin à cinq mètres au-dessus de la chute, de façon à me faire briser sur les rochers.

—Eh bien?

— Mais j'y ai renoncé.

— Pourquoi ?

— Parce que le jour même de mon arrivée un Anglais en avait fait autant et ne s'était point tué. On l'avait repêché au-dessous de la statue de Guillaume Tell.

» Je regardai O'Neal en souriant.

— Est-ce que, lui dis-je, cet Anglais avait aimé miss Sarah ?

— Oh ! non, répondit O'Neal avec dédain, il avait joué à la Bourse de

Londres et il n'avait pu payer ses différences.

» Après avoir flétri l'*agio* par ces paroles, O'Neal me fit mille questions sur e *Trou de l'Enfer*.

— Je voudrais être à demain, me dit-il.

» Jamais je n'avais vu un homme aussi pressé de mourir.

» Cependant nous causâmes fort longtemps sur la terrasse, et deux heures du matin sonnaient lorsque nous songeâmes à aller nous coucher.

» Un petit bassin de pierre, surmonté d'un jet d'eau de la grosseur du doigt était auprès de nous.

— Tenez, me dit O'Neal, comprenez-vous cet imbécile d'hôtelier qui s'amuse à *agrémenter* sa maison d'un jet d'eau en face de la chute du Rhin?

» Et comme je riais, il ajouta:

— Je vais ajouter une ligne à mon testament avant de me coucher. Je prierai miss Sarah de prendre mille livres sur ma succession, avec prière de faire de la publicité dans les journaux de Londres, de Paris et de Berlin à la seule fin de signaler au monde entier la bêtise de cet hôtelier.

» Et, sur cette boutade, O'Neal alla se mettre au lit.

» Le lendemain, il s'éveilla de bonne heure et entra dans ma chambre.

— Il m'est venu une fort belle idée, me dit-il tout joyeux.

— Voyons !

— Nous allons nous faire porter à déjeuner au bord du *Trou de l'Enfer*.

— Bravo !

» Et, en effet, peu après nous nous acheminâmes vers l'abîme qu'O'Neal avait choisi pour son tombeau.

» Un garçon d'hôtel nous suivait portant sur sa tête un immense panier qui contenait un succulent déjeuner dont l'Irlandais avait dressé le menu lui-même.

» Le *Trou de l'Enfer* s'ouvre au milieu d'un amas de rochers et de broussailles, et son orifice n'a plus guère plus d'un mètre de diamètre.

» Il est impossible d'en sonder la ténébreuse profondeur, et pendant dix minutes O'Neal se plût à y lancer des pierres qui disparurent sans rendre aucun son.

— Aoh! me dit-il avec une accentuation joyeuse, il est bien certain que je n'en reviendrai pas.

» Le garçon de l'hôtel, qui n'avait pas le moindre soupçon des funestes projets de l'Irlandais, étendit une nappe sur un rocher voisin et plaça dessus un pâté de perdreau, un jambon fumé, des truites du Rhin à l'huile et quatre bouteilles de champagne, sans oublier du café et des liqueurs.

» O'Néal voulut renvoyer le garçon : mais je l'arrêtai :

— Gardez-vous en ! lui dis-je.

— Pourquoi? fit-il étonné.

» Je me penchai à son oreille.

— Parce que, lui dis-je, il faut deux témoins pour que votre acte de décès soit régulier.

— C'est juste, me répondit-il.

» Puis il se mit à table et mangea de fort bon appétit, buvant à plein verre et montrant une gaieté parfaite. Notre déjeuner terminé, O'Neal avala une tasse de café et deux verres de rhum.

— Allons! me dit-il, voilà le moment.

» Le garçon d'hôtel ne comprenait

pas un seul mot d'anglais, et comme nous nous exprimions dans cette langue et que nous avions des visages souriants, il était à cent lieues de soupçonner les projets d'O'Neal. Celui-ci, après avoir vidé son deuxième verre de rhum, déboutonna son paletot et me tendit la lettre de recommandation à miss Sarah, et le testament qui l'instituait sa légataire universelle.

» Ensuite, il me serra cordialement la main.

— Adieu, me dit-il.

» Je le suivis jusqu'au bord du trou. Il se retourna vers moi et me dit :

— Croyez-vous à l'enfer?

— Jamais, répondis-je.

— Ni moi non plus, fit-il.

» Et il s'élança et disparut dans l'abîme!...

» Je me penchai pour écouter et je n'entendis rien...»

— Morbleu! exclama M. Gustave

Chaumont, je suppose que tu viens de me faire un conte...

— Nullement.

— Comment! cette histoire est vraie?

— Très vraie.

— L'Irlandais est mort?

— Le 14 septembre; le 14 est une date de suicide.

— Et tu l'as vu?

— Comme je te vois.

— Et tu n'as pas songé à le retenir?...

— Je m'en serais bien gardé! Je n'avais jamais vu mourir un Anglais, dit froidement le comte, et je ne savais pas si l'occasion s'en représenterait jamais.

M. Gustave Chaumont n'eut pas le temps d'exposer sa manière de voir sur la révoltante insensibilité de son ami.

La chaise de poste entrait dans l'avenue du château de Mailly-sur-Yonne.

Cependant M. Chaumont, au moment où ils franchissaient la grille du parc, dit au comte:

— Tout cela ne m'explique point ta restriction à l'égard d'une des personnes qui se trouvent ici.

— C'est vrai, j'oubliais de te dire que miss Sarah est chez Victor Séclain.

— En es-tu certain?

— Très certain.

— Et... tu comptes ?...

— Je compte venger O'Neal.

— Comment?

— Miss Sarah m'aimera.

M. Gustave Chaumont enveloppa son ami d'un regard plein de défiance.

— Je prévois quelque nouveau drame abominable!... murmura-t-il.

— Peuh! répondit le comte avec cynisme, il faut bien passer le temps... la vie est si monotone.

La chaise, en ce moment, s'arrêtait au bas du perron.

CHAPITRE QUATRIÈME.

IV

Tandis que la chaise de poste du comte de Morangis arrivait au château de Mailly, miss Sarah, la belle Anglaise, appuyée sur le bras du comte Karinoff, abritait son regard de sa main ouverte et la suivait de l'œil jusqu'en deçà de la grille du parc

— Le voilà ! dit-elle en pressant le bras du comte.

— C'est possible, miss.

Le Russe tourna la tête et chercha des yeux M. Victor Séclain.

Mais celui-ci avait sans doute aperçu déjà la voiture de voyage, car il venait de quitter la terrasse.

Miss Sarah s'était penchée et regardait dans la cour où la berline entrait en ce moment.

— Ah ! miss, murmura le comte Karinoff, vous ressemblez furieusement au papillon qui est pressé de se brûler les ailes.

— Comte, répondit Sarah, votre comparaison est originale ; mais reste à savoir si c'est M. de Morangis ou moi qui sera le flambeau.

Le comte Karinoff secoua la tête et se tut.

Miss Sarah, dont la curiosité, du reste, avait beaucoup d'imitateurs sur la terrasse où tout le monde à peu près s'était penché pour voir, miss Sarah, disons-nous, regardait M. de Morangis et M. Gustave Chaumont descendre de voiture.

M. Chaumont était jeune, élégant de tournure et, jusqu'à un certain point, on pouvait le prendre pour le comte. Mais miss Sarah ne s'y trompa point.

— Ce n'est pas M. de Morangis, dit

elle; M. de Morangis est ce grand jeune homme brun qui a un paletot gris clair·

— C'est vrai, répondit le jeune Moscovite : vous avez l'instinct du cœur.

Miss Sarah haussa imperceptiblement les épaules.

— Tenez, comte, dit-elle, voulez-vous parier une somme énorme que M. de Morangis m'aimera...

— Non, dit le comte.

— Et que je me rirai de son amour? acheva-t-elle.

— Je ne veux pas vous voler, miss.

L'Anglaise frappa le sol de son pied menu et cambré.

— Nous verrons bien! fit-elle.

Et non sans quelque dépit, la jeune fille quitta le grand seigneur russe pour se rapprocher de madame Victor Séclain, autour de laquelle on faisait cercle.

— Il vous arrive donc de nouveaux hôtes, chère madame, lui dit-elle.

— Oui, miss.

— Sans doute des chasseurs des environs ?

— Non, de Paris.

— Ah !

— Deux amis de mon mari, M. Chaumont et le comte de Morangis.

— J'en ai ouï parler, dit miss Sarah qui cherchait à recueillir sur le comte de nouveaux renseignements.

Précisément, il se trouvait parmi les hôtes de M. Victor Séclain un petit jeune homme blond, vêtu comme une gravure de mode, l'œil couvert d'un lorgnon et les moustaches cirées, qui se hâta de prendre la parole.

— C'est lui, dit-il, qui a tué le baron de Nesles.

— Ah! vous le connaissez? fit miss Sarah en le regardant.

Le jeune homme blond, qui se nommait M. Bonnechose et portait un *de* de contrebande, répondit d'un ton léger :

— Oui, miss, c'est un de mes amis. Nous sommes du même club.

— En vérité ?

— Et j'ai soupé souvent chez Nana.

— Nana ? fit miss Sarah.

— Oh ! mille pardons, miss, murmura M. Bonnechose, un peu confus ; j'oubliais...

— Bah ! fit madame Séclain, qui avait vingt-huit ans, miss est anglaise, et je suis une vieille femme. Parlez, M. de Bonnechose, vous pouvez tout dire devant nous.

— Eh bien ! mesdames, Nana est une

jolie fille que le comte de Morangis... comment dirai-je?...

— Que le comte commandite, n'est-ce pas? fit madame Séclain.

— Oh! charmant!

— Est-cela?

— Oui, madame.

Miss Sarah eut un sourire railleur.

— Ah! dit-elle, vous avez souvent soupé chez... Nana?

— Oui, miss.

— Je vous en fais bien mon compliment, monsieur. Le drôle de nom, Nana.

— Il est bizarre, en effet, miss.

— Et sans doute il aime beaucoup.... cette créature ?

— Il paraît que non.

— Ah! vous croyez ?...

— Dame! on a raconté dans tout Paris, l'été dernier, que Nana avait voulu se tuer dans un moment de désespoir.

— Elle l'aimait donc ?

— A en mourir.

Un monsieur entre deux âges, grand chasseur et membre fondateur du club de Saint-Hubert, ajouta :

— J'ai chassé avec le comte, l'année dernière.

— Vous le connaissez donc aussi !

— Oui, miss ; et j'avoue qu'il n'a pas le cœur très-tendre.

— Vraiment ?

— Dans une grande chasse à courre, chez le marquis de M..., le piqueur du comte, en sautant une haie, a été désarçonné et s'est cassé la cuisse. Le comte et moi nous étions derrière ; le malheureux piqueur jetait des cris déchirants, mais le comte ne voulut pas mettre pied à terre. « On ne peut pas manquer l'hallali pour cet imbécile, me dit-il. »

Et comme on se récriait sur un pareil trait d'insensibilité, M. Victor Séclain, qui était allé au devant de ses nouveaux hôtes, revint tout seul et dit aux personnes qui se trouvaient groupées autour de sa femme :

— Mesdames et messieurs, je vous annonce pour dîner M. le comte de Morangis et M. Gustave Chaumont, deux hommes à la mode du monde parisien.

— Où sont-ils donc? demanda madame Victor Séclain.

— Ces messieurs s'habillent et n'auraient osé paraître devant vous en costume de voyage, madame, répondit M. Séclain, qui s'approcha de miss Sarah et lui fit un petit signe d'intelligence que nul ne surprit.

Miss Sarah prit le bras du maître de la maison, et s'éloigna avec lui de quelques pas:

— Eh bien! miss, dit M. Séclain, que vous a dit le comte Karinoff?

— Des choses abominables.

— En vérité!

— Et si je n'étais sûre de moi...

— Vous suivriez son conseil, n'est-ce pas?

— Oh! sans nul doute!

— Il en est temps encore.

— Non, certes.

— Vous voulez rencontrer M. de Morangis ?

— C'est-à-dire que je vous supplie de me le présenter le plus tôt possible.

— Ce sera fait.

— Et même...

Miss Sarah s'arrêta.

— Voyons, miss, dit M. Séclain en souriant, qu'est-ce encore?

— Placez-le près de moi, à dîner.

— J'y ai songé.

— Vrai?

— Parole d'honneur! Je le placerai entre madame Séclain et vous.

— Vous êtes un vrai gentleman, monsieur, dit la jeune Anglaise, qui serra la main de M. Victor Séclain.

La cloche du dîner se fit entendre.

— Venez, miss, dit le maître de la maison. Ces messieurs nous attendent à la salle à manger.

Et M. Victor Séclain quitta le premier la terrasse, et, le premier, il fit son entrée, donnant le bras à miss Sarah, dans la vaste salle à manger du château, dont les murs étaient couverts de trophées de chasse.

M. le comte de Morangis et son ami M. Gustave Chaumont, qui s'étaient lestement habillés, causaient dans l'embrasure d'une croisée. Ils virent entrer M. Séclain et la belle Anglaise et s'approchèrent.

— Venez, mon cher comte, dit M.

Séclain, venez, que je vous présente à miss Sarah...

M. de Morangis fit un pas en arrière et salua en manifestant une vive surprise.

— Vous connaissez miss ? demanda M. Séclain, à qui n'échappa point le geste d'étonnement du comte.

— J'ai beaucoup entendu parler de miss, répondit le comte, qui attacha sur la jeune Anglaise un regard fascinateur.

— Ah! fit-elle avec surprise.

— En Suisse et en Italie, miss, ajouta M. de Morangis.

— Vous êtes allé à Nice, monsieur le comte?

— Oui, miss.

— Et en Suisse?

— J'ai gravi le Righi quelques jours après vous.

Les deux jeunes gens furent interrompus par l'arrivée des autres convives de M. Séclain.

La maîtresse de la maison donnait le bras au comte de Karinoff.

Ce dernier et M. de Morangis échangèrent un froid salut.

— Vous connaissez M. Karinoff, demanda miss Sarah.

— Nous nous sommes rencontrés à Paris.

Au moment où on se mettait à table, le comte de Morangis se pencha vers la jeune Anglaise.

— Miss Sarah, dit-il, je viens de Paris à Mailly-sur-Yonne avec un but qui vous étonnera beaucoup.

— Moi ?

— Vous, miss.

— Et... quel est-il ?

— Je viens exprès pour vous rencontrer.

— Ah ! par exemple ?

— Parole d'honneur.

— Mais... monsieur... expliquez-vous, je vous en prie...

Le comte poursuivit :

— Je vous suis depuis trois mois sans pouvoir vous atteindre. Je suis allé de Zurich à Schaffouse, de Schaffouse à Bâle, de Bâle à Baden-Baden, de Bade à Paris : partout vous veniez de partir.

— Ah çà, monsieur, demanda miss Sarah d'un ton moqueur, pourrai-je au moins savoir le but de ce steeple-chase?

— Certainement : je suis chargé d'une mission pour vous.

— Et... cette mission?...

Le comte prit un air grave et mystérieux :

— Cette mission est une lettre que je puis d'autant moins vous remettre ici que je dois l'accompagner de certains détails.

— Eh bien !... après dîner.

— Connaissez-vous un endroit du parc bien solitaire, bien désert ?

— Pourquoi ?

— Mais, dit le comte, parce que ce

que j'ai à vous dire ne doit pas être entendu.

— Et... c'est... dans le parc?
— Ou ailleurs.

Miss Sarah réfléchit un moment.

— Soit, dit-elle, dans le parc.
— Quand?
— Ce soir, entre neuf et dix heures.
— En quel endroit?
— Vous suivrez la grande allée jusqu'à une croix de pierre, puis vous prendrez un sentier qui conduit à un amas

de rochers au-dessus desquels on a construit un kiosque.

— Bon !

— J'ai choisi ce kiosque pour mon cabinet de lecture. Je m'y enferme souvent le soir pour lire Byron ou Shakspeare. Un petit point lumineux, la clarté de ma lampe, vous guidera.

. . . .

Vers neuf heures et demie, en effet, M. le comte de Morangis descendit dans le parc, donnant le bras à son ami, M. Gustave Chaumont.

— Tu sais, lui dit celui-ci, qu'on chasse à courre demain, que le rendez-vous est à six lieues d'ici pour huit heures du matin, et qu'il faut nous lever à cinq heures au plus tard?

— Je sais tout cela.

— Ces dames sont au salon, à l'exception de miss Sarah, ta future victime, continua M. Chaumont; mais les hommes vont se coucher.

— Eh bien !

— Et nous ferons sagement de les imiter.

— Ah ! dit M. de Morangis, miss Sarah n'est pas au salon !

— Non.

— Et... tu sais où elle est ?

— Dans sa chambre, sans doute.

— Tu te trompes. Elle est au fond du parc, et... elle m'attend.

— Allons donc, fit M. Chaumont d'un ton plein d'incrédulité, déjà ?

— Mon Dieu! oui... Si tu en doutes, viens avec moi...

— Voilà qui est trop fort !

— Bien entendu que je te laisserai à mi-chemin. Allons, viens-tu?

— Soit, dit M. Chaumont.

Et il ajouta :

— Maintenant, mon cher ami, veux-tu me permettre un conseil?

— Volontiers.

— Ne va point au rendez-vous que t'a donné miss Sarah.

— Pourquoi?

— Parce qu'elle est plus heureuse que mademoiselle de Pierrefeu, qui n'a ni père ni mère, comprends-tu?

— Eh bien?

— Et que si tu la compromets, son beau-frère, lord Galwy, te forcera à l'épouser.

—Mon pauvre Chaumont, dit le comte d'un ton de pitié, je me tue à dire partout qu'il ne te manque pour faire un gentilhomme accompli qu'un peu de parchemins jaunis, et voilà que tu me donnes un démenti formel avec les idées bourgeoises... Adieu!...

Le comte serra la main de son ami et le planta au milieu d'une allée. Puis il s'éloigna rapidement.

M. Chaumont, qui était fait aux impertinences de son ami, fourra tranquillement ses deux mains dans ses poches et reprit le chemin du château.

La nuit était sombre, bien que le ciel fût entièrement dépouillé; la lune n'était point levée encore, et si le comte n'eût été chasseur, et par conséquent habitué aux ténèbres des bois, il eût hésité plus d'une fois.

Cependant, les indications de miss Sarah avaient été nettes et précises, et guidé par un sillon blanchâtre qui courait sous la grande allée, M. de Morangis arriva bientôt à la croix qui marquait la bifurcation.

Alors seulement, au travers des arbres dans le lointain, M. de Morangis aperçut un point lumineux.

— Miss Sarah m'attend, pensa-t-il, voilà le kiosque.

Il s'engagea dans le petit sentier et chemina d'un pas rapide.

Mais tout à coup il s'arrêta et prêta l'oreille.

Il lui avait semblé entendre crier un pas d'homme sur le sable.

Il se retourna, regarda, écouta encore.

— C'est une branche d'arbre qui est tombé sur le sol, se dit-il.

Et il se remit en marche.

Peu après il s'arrêta de nouveau.

— C'est singulier! murmura-t-il, cette fois, c'est bien un pas d'homme... on a marché là, derrière ce massif... Est-ce qu'on me suivrait?...

Il prêta l'oreille pour la seconde fois; mais le pas qu'il avait entendu s'était pareillement arrêté.

— Ou je rêve, se dit-il, ou il y a un

écho par ici... ou je suis suivi.... Bah ! je m'en moque !

Cette fois, il se reprit à marcher d'un pas rapide et atteignit bientôt les rochers au milieu desquels on avait élevé un joli châlet suisse dont miss Sarah avait fait son cabinet de lecture.

Le comte, guidé par la lumière qui filtrait à travers les volets, arriva jusqu'à la porte et frappa doucement. Un petit bruit se fit à l'intérieur du châlet, et le comte entendit le frou-frou d'une robe de soie.

Miss Sarah venait ouvrir.

Mais, en ce moment aussi, le bruit de pas que M. de Morangis avait déjà entendu par deux fois retentit de nouveau derrière les massifs voisins, et comme la porte du chalet s'ouvrait, encadrant la belle Anglaise dans un flot de lumière, ce bruit fût suivi soudain d'un coup de sifflet mystérieux.

Et le comte tressaillit, tout en baisant la blanche main que lui tendait miss Sarah.

CHAPITRE CINQUIÈME

V

Miss Sarah était calme; un sourire railleur glissait sur ses lèvres.

— Ah! dit-elle, en voyant M. de Morangis devant elle, à la bonne heure! vous êtes exact.

Le comte entra dans le chalet.

— Avez-vous entendu? dit-il.

— Quoi donc? fit-elle.

— Ce bruit de pas... ce coup de sifflet...

— Non.

— Peut-être m'a-t-on suivi?

— Eh bien! qu'importe?

Miss Sarah avait reçu une éducation

véritablement anglaise, et elle se sentait tout à fait maîtresse d'elle-même.

— Mais, dit le comte, à cette heure... loin du château...

— Oh! rassurez-vous, monsieur le comte, dit la jeune fille d'un ton moqueur, ma réputation est à l'abri de tout soupçon. Par conséquent...

Le comte l'enveloppa de son regard magnétique. Miss Sarah en soutint l'éclat et le charme.

— Ainsi donc, dit-elle, vous avez entendu un bruit de pas et un coup de sifflet?

— Oui, tout à l'heure.

— Et cela vous a inquiété?

— Mon Dieu! non... Cependant...

M. de Morangis se souvenait des paroles de son ami M. Gustave Chaumont: « Miss Sarah a un beau frère qui te forcerait bien à l'épouser. » Et il se demandait s'il n'allait point tomber dans un guet-apens.

— Je dois vous prévenir, monsieur,

dit miss Sarah, que le pays abonde en braconniers. Le parc est très-giboyeux. Vous avez dérangé un colleteur qui vous aura pris pour un des gardes du château.

Cette raison était tellement plausible que le comte s'y rendit sur-le-champ.

— Pardonnez-moi, dit-il, mais j'ai si peu l'habitude de voyager la nuit sans armes... à la campagne surtout!...

— Comment! dit miss Sarah, vous n'avez pas le moindre revolver?

— Non, miss.

— Pas même un poignard ?

— Pas le moindre.

Le comte se dirigea vers un canapé en jonc devant lequel était placée une table qui supportait des livres et une lampe à abat-jour.

— Asseyez-vous donc, monsieur, lui dit la jeune Anglaise.

Et elle poussa la porte du chalet.

Puis elle revint s'asseoir près de lui et le regarda attentivement.

— Voyons, lui dit-elle, j'attends que vous vous acquittiez de votre mission.

M. de Morangis ouvrit son portefeuille et en retira la lettre que l'Irlandais O'Neal avait écrite l'avant-veille de sa mort, et la plaça sous les yeux de la jeune fille.

Miss Sarah l'ouvrit, la lut et laissa échapper un cri.

— Comment! exclama-t-elle, M. O'Neal est mort?

— Oui, miss.

— Mais quand? mais comment?

— Il s'est suicidé il y a trois mois.

— Suicidé?

— Oui, miss.

Un tremblement nerveux s'empara de la jeune fille, et elle devint fort pâle.

— Mon Dieu! mon Dieu! murmura-t-elle, mais ce n'est pas... au moins...

— C'est par amour pour vous.

— Ah! ciel!..

— Et! continua le comte, il a imité en cela tous ceux qui...

M. de Morangis n'acheva pas, car miss Sarah l'arrêta d'un geste.

— Ah! monsieur, dit-elle, se peut-il que M. O'Neal ait pu croire ce que je lui écrivais... ma lettre était une plaisanterie...

— Comment donc?

— Mais certainement, monsieur; jamais on ne s'est suicidé pour moi... pas que je sache, du moins!... et j'avais voulu me moquer de lui.

— Eh bien! miss, dit gravement le

comte, O'Neal a pris votre lettre au sérieux.

— Et il s'est tué?

— Je l'ai vu mourir... ou du moins je l'ai vu, ce qui revient au même, se précipiter dans le *Trou de l'Enfer*, à Schaffouse.

Alors, profitant de l'émotion qu'éprouvait la jeune fille, émotion qui lui ôtait jusqu'à l'usage de la parole, le comte de Morangis raconta dans tous ses détails l'histoire du malheureux Irlandais.

— Mais, s'écria enfin miss Sarah, vous n'avez donc rien fait, monsieur, pour le dissuader de cet abominable projet?

— Rien, miss.

— Ah! c'est affreux!

Le comte eut un froid sourire.

— J'étais intéressé à sa mort, dit-il.

Miss Sarah recula stupéfaite.

— Miss, reprit le comte, pour que

vous puissiez me comprendre, il vous faut m'accorder une minute d'attention.

— Je vous écoute, monsieur.

M. de Morangis poursuivit :

— Vous jouissez de par le monde d'une grande réputation d'insensibilité : jamais vous n'avez aimé...

— C'est vrai.

— Jamais vous n'aimerez, dites-vous.

— J'en suis certaine.

— L'homme qui doit trouver le chemin de votre cœur n'existe pas, préten-dez-vous...

— J'en ai la ferme conviction.

— C'était du moins ce que prétendait le pauvre O'Neal.

— En douteriez-vous donc, vous, monsieur?

Et miss Sarah regarda le comte avec une expression de raillerie telle, que l'amour-propre féroce du séducteur en souffrit cruellement. Cependant il demeura imperturbable.

— Très-certainement, dit-il.

— Ah! vous doutez?

— C'est pour cela que j'ai laissé mourir O'Neal.

— Eh! mais, dit miss Sarah, je ne vois point sur quoi sa mort peut vous éclairer.

— Ah! c'est que, répliqua froidement M. de Morangis, je me suis mis en tête de le venger.

— Vous!

— Moi.

Et le comte laissa peser sur miss Sarah son regard chargé d'effluves magnétiques.

Miss Sarah laissa bruire un éclat de rire moqueur entre ses lèvres rouges.

— En vérité ! dit-elle.

— Oh ! mon Dieu, oui, miss.

— Et comment comptez-vous le venger, s'il vous plaît ?

— J'ai juré que vous m'aimeriez !

— Allons donc !

— Sur mon honneur, miss.

— Et, demanda froidement miss Sarah, à qui donc avez-vous fait ce serment?

— A moi-même.

— Vous me rassurez, en ce cas.

— Pourquoi?

— Mais parce qu'il vaut mieux manquer de parole à soi-même qu'aux autres.

Et miss Sarah, oubliant la mort de l'Irlandais O'Neal, continua à rire de plus belle.

M. de Morangis était quelque peu déconcerté ; mais il n'eut pas le temps de répondre à miss Sarah, car le bruit de pas qu'il avait entendu déjà par deux fois retentit de nouveau. Cette fois il était parfaitement distinct.

— Ah ! j'ai entendu, dit miss Sarah qui posa un doigt sur ses lèvres... Chut ! écoutez...

Miss Sarah se dirigea sur la pointe du pied vers la porte et appliqua son oreille au trou de la serrure.

Les pas approchaient du pavillon et, chose bizarre ! ils se faisaient entendre à la fois dans plusieurs directions.

Évidemment, il y avait plusieurs personnes.

Le coup de sifflet mystérieux fut répété, et tout aussitôt un autre lui répondit.

A son tour miss Sarah fronça le sourcil.

— Ainsi, dit elle à M. de Morangis, vous n'avez pas d'armes ?

— Non, miss.

Elle défit deux agrafes de son corsage, et en retira un joli stylet corse à fourreau damasquiné, qu'elle portait suspendu au cou par un fil de soie.

— Voilà, dit-elle, tout ce que je puis vous offrir. Ce pauvre petit poignard n'a été forgé que pour me garantir des amoureux trop passionnés, et non des voleurs. Mais enfin...

En ce moment les pas gravirent l'escalier du chalet, et on frappa deux coups discrets à la porte.

— Entrez ! dit miss Sarah d'une voix calme, tandis que M. de Morangis s'emparait du poignard qu'elle lui tendait.

La porte s'ouvrit : un homme de haute taille, enveloppé dans un grand manteau, se montra sur le seuil et salua la jeune Anglaise avec une courtoisie parfaite.

— Mille pardons, madame, dit-il,

de troubler votre tête-à-tête, mais c'est à M. le comte de Morangis que j'en ai.

Et il se débarassa de son manteau et s'avança jusqu'au milieu du cercle de lumière projeté par la lampe.

— M. de Mas! exclama Paul de Morangis surpris.

— Moi-même, répondit l'ancien prétendant à la main de Blanche de Pierrefeu.

— Monsieur, fit le comte avec hauteur, je trouve votre visite un peu tardive.

— J'en conviens, monsieur.

— Et ajouta le comte en montrant miss Sarah, tout à fait..... impertinente.

M. de Mas eut un sourire dédaigneux, et regardant miss Sarah :

— Veuillez me pardonner, madame ou mademoiselle, dit-il.

— Je suis Anglaise, monsieur, répondit-elle avec dignité, et je me nomme miss Sarah.

M. de Mas salua de nouveau et reprit :

— Mille pardons, miss, si je trouble votre tête-à-tête avec M. de Morangis.

— Monsieur, répondit miss Sarah avec hauteur, si vous avez affaire à monsieur, je suis prête à me retirer.

— Hélas! miss, c'est impossible...

— Impossible! fit-elle avec étonnement.

— Comme M. de Morangis, répondit M de Mas d'un ton courtois, mais plein de fermeté, vous êtes provisoirement ma prisonnière.

La jeune Anglaise poussa une exclamation indignée

— Prisonnière ! dit-elle et de quel droit ? Qui donc êtes-vous ?

En même temps, M. de Morangis toisait du regard son ancien adversaire.

— Est-ce que vous êtes devenu fou? disait-il.

M. de Mas répondit à l'Anglaise:

— Miss, je m'appelle M. de Mas; je suis gentilhomme français, honorablement connu, et j'ai la conviction que vous ne vous effaroucherez point du mot que je viens de prononcer, surtout si vous me permettez de m'expliquer avec monsieur.

Le ton plein d'urbanité et les manières distinguées de M. de Mas captivèrent miss Sarah malgré elle, et apaisèrent son irritation.

Elle s'assit tranquillement et dit à M. de Mas :

— J'écoute : parlez, monsieur.

Celui-ci fit un pas vers le comte.

— Monsieur, lui dit-il, nous nous sommes battus un matin, il y a cinq mois, au Café anglais.

— Oui, monsieur.

— Et nous devions nous revoir, votre blessure fermée.

— C'est vrai, monsieur.

— Il paraît, ricana M. de Mas, que cette blessure était légère, car vous avez pu, dès le lendemain, vous battre au pistolet et tuer ce malheureux baron de Nesles, que vous avez tenté de déshonorer.

— Monsieur! exclama le comte, prenez garde! vous m'insultez...

— Non, monsieur, je raconte...

— Où voulez-vous en venir?

— A ceci: Vous devez vous tenir à

ma disposition pour le jour et l'heure qui me conviendront.

— Oh! de grand cœur, répliqua le comte, et j'espère bien vous donner une leçon dont vous vous souviendrez, monsieu, pour vous apprendre à venir provoquer les gens à pareille heure et en pareil lieu.

M. de Mas eut un froid sourire.

— Vous vous trompez, monsieur, je ne viens point vous demander raison ce soir.

— Que voulez-vous donc?

M. de Mas ouvrit son paletot et prit deux pistolets qu'il avait à sa ceinture.

— Miss, dit-il à l'Anglaise, ne criez pas... n'appelez point... vous me forceriez à tuer le comte.

Si brave qu'il fût, M. de Morangis n'en éprouva pas moins une certaine émotion à la vue des pistolets dont M. de Mas dirigea les canons sur lui.

— Jetez votre poignard ! ordonna M.

de Mas d'un ton bref, et taisez-vous, ou je fais feu!

Miss Sarah gardait un religieux silence moins par terreur que par curiosité.

Un peu remis de sa première émotion, M. de Morangis jeta le poignard loin de lui, croisa ses bras sur sa poitrine et regarda M. de Mas avec mépris:

— Je ne vous savais pas affilié à une bande de voleurs et d'assassins! dit-il.

Et, insolent et railleur jusques en présence de la mort, le comte tira sa bourse et sa montre et les plaça sur la table, devant M. de Mas.

Celui-ci ne s'indigna point.

— Monsieur le comte, dit-il, nous réglerons plus tard toutes nos dettes et je laverai vos insultes dans votre sang. Je ne suis ni un assassin ni un voleur, mais bien l'instrument de la Providence que vous avez niée souvent.

Le comte frappa du pied avec colère.

— Enfin, monsieur, dit-il, que voulez-vous de moi?

— Monsieur, répondit M. de Mas, je vous suis et je vous épie depuis huit jours. Je savais que vous deviez venir ici, et voici la troisième nuit que nous errons, moi et mes gens, autour du château. Enfin, ce soir, j'ai pu vous suivre.

— Ah! ricana le comte, vous avez une bande avec vous?

— Vous allez la voir.

M. de Mas mit deux doigts sur sa bouche et fit entendre ce coup de sifflet qui avait si fort surpris son adversaire.

Aussitôt les deux croisées du chalet et la porte s'ouvrirent, livrant passsage à trois hommes armés jusqu'aux dents. Ces hommes avaient le visage barbouillé de suie, et il était impossible de les reconnaître.

—Voilà ma bande, dit M. de Mas.

— Ah! bravo! bravo! murmura miss

Sarah, qui laissa bruire un éclat de rire moqueur à travers ses dents blanches... Bravo! c'est comme à l'Opéra-Comique de Paris ou dans les romans de notre conteur anglais, mistress Anne Radcliffe.

— En effet, miss, fit M. de Mas en souriant à son tour, et vous allez voir que le roman n'est point fini.

— Ah! vraiment?

— J'ai eu l'honneur de vous dire

que vous étiez ma prisonnière, tout à l'heure.

— Tiens! je l'avais oublié déjà.

— Et je ne puis vous rendre votre liberté qu'en échange de votre parole.

— Comment cela?

— Vous me jurerez sur votre honneur d'Anglaise que vous ne révélerez point avant quinze jours, à partir de ce soir, ce qui vient de se passer et ce qui va se passer encore.

— Et que va-t-il encore se passer, monsieur?

— Voyez...

A peine M. de Mas avait-il prononcé ce mot qu'un des trois hommes barbouillés de suie saisit M. de Morangis à la gorge, et tandis qu'il poussait un cri étouffé, lui passa un foulard dans la bouche et le bâillonna lestement.

En même temps, et malgré les efforts qu'il fit pour se dégager, les deux autres le renversèrent, prirent des cordes qu'ils avaient apportées et le garrottèrent. Tout cela fut l'histoire d'une minute. Miss Sarah n'eut pas même le temps de pousser un cri.

— Voilà, miss, dit froidement M. de Mas, tandis que le comte de Morangis, réduit à l'impuissance, ne poussait plus que des sons rauques et inarticulés.

— Mais, monsieur, s'écria enfin la jeune Anglaise, ce que vous faites-là est infâme...

— Miss, répondit gravement le jeune homme, vous ne connaissez peut-être pas le comte de Morangis. C'est un homme sans cœur et sans loyauté, qui assassine les maris et déshonore les femmes, qui séduit les pauvres filles du peuple et compromet les filles du monde qui n'ont ni père ni frères. Je viens de le dire, miss, je suis l'instrument de la Providence. Mais, rassurez-vous, la vie de cet homme ne court aucun danger, s'il est docile. Dans quinze jours, il sera rendu à la liberté, et vous le retrouverez à Paris.

Miss Sarah fronça le sourcil.

— Et si je refusais, dit-elle, le serment que vous me demandez?

M. de Mas reprit un de ses pistolets à sa ceinture et ajusta le comte de Morangis à la tempe.

— Je vous donne une minute de réflexion, miss, dit-il froidement. Si vous refusez, je brise le crâne à cet homme!...

CHAPITRE SIXIÈME.

VI

Miss Sarah regarda M. de Mas.

Le jeune homme était calme, mais son œil brillait d'une telle résolution qu'elle comprit sur-le-champ qu'il exécuterait sa menace.

— Monsieur, dit-elle, vous avez adopté le seul moyen de m'arracher un serment. Je ferai celui que vous me demandez. Je ne veux pas causer la mort de M. de Morangis.

— Alors, miss, dit M. de Mas, veuillez me répéter ces paroles : « Je jure sur l'honneur de ne révéler à personne, durant quinze jours, ce qui s'est passé ici. »

— Et au bout de quinze jours je serai libre? demanda miss Sarah.

— Vous serez libre.

— Ainsi je pourrai dire bien haut qu'un homme qui se prétend gentilhomme a fait tomber dans un guet-apens...

— Pardon, miss, interrompit M. de Mas, avant quinze jours vous recevrez une lettre qui vous donnera l'explication de ma conduite, et j'ose espérer que vous me jugerez moins sévèrement.

La voix du jeune homme était devenue triste et mélancolique, et miss Sarah en tressaillit.

— Soit, monsieur, dit-elle ; je suspends mon jugement jusqu'alors.

— J'attends votre serment, miss.

La jeune Anglaise s'inclina et dit d'une voix forte et distincte :

— Je jure sur l'honneur, aujourd'hui, 25 octobre, de ne rien révéler, avant le 10 novembre prochain, des choses que je viens de voir.

Alors M. de Mas ouvrit la porte du chalet.

— Vous êtes libre, miss, dit-il.

— Ah! fit-elle, vous me chassez?

— Nullement.

— Ainsi je puis rester?

— C'est nous qui nous retirons, miss.

M. de Mas fit un signe, et deux des hommes barbouilés de suie s'emparèrent du comte de Morangis, qui s'épuisait en efforts impuissants, et le chargèrent sur leurs épaules.

— Mais, dit miss Sarah qui les vit se diriger vers la porte, c'est un enlèvement, il me semble!

— Oui, miss.

— Et maintenant que vous avez ma parole, puis-je savoir au moins, demanda la jeune Anglaise, où vous conduisez M. de Morangis?

M. de Mas secoua la tête.

— C'est un secret qui ne m'appartient pas, dit-il.

— Ah!

— Je ne suis qu'un instrument.

M. de Mas poussa le volet de la fenêtre qui s'était refermé et dit encore :

— Tenez, miss, la lune se lève : regardez là-bas, hors du parc, derrière ces arbres...

— Eh bien ?

— Il y a là une chaise de poste qui nous attend, M. de Morangis et moi... Nous allons faire trente lieues d'ici au jour.

— Et vous le laisserez garrotté et bâillonné ?

— Cela dépendra de lui ; adieu miss.

Et M. de Mas salua la jeune Anglaise avec une courtoisie parfaite.

Les hommes barbouillés de suie étaient déjà dehors, emportant M. de Morangis qui s'était résigné et ne cherchait plus à se débattre.

Au moment de franchir le seuil du chalet à son tour, M. de Mas se retourna et revint vers la jeune Anglaise.

— Miss, dit-il, vous êtes jeune et belle, et je lis une grande loyauté d'âme dans vos yeux. Oserais-je vous faire une question.

— Soit, monsieur.

— Aimeriez-vous le comte ?

— Oh! certes non... pas encore, du moins, répondit-elle avec un sourire moqueur.

— Tant mieux, miss, et Dieu vous garde de l'aimer jamais !

— Tiens, dit-elle, voilà que vous me tenez le même langage que le comte Karinoff.

— Le diplomate russe?

— Précisément.

— Eh bien! miss, reprit M. de Mas, si vous avec quelques doutes sur ma loyauté, si l'étrangeté de ma conduite me fait à vos yeux le rôle rôle d'un aventurier, demandez qui je suis au comte Karinoff : il est mon ami, il vous répondra de moi comme il répondrait de lui-même.

— Je le crois, répondit miss Sarah, et en voici la preuve.

Elle tendit spontanément sa main à M. de Mas et ajouta :

— Il est impossible, monsieur, qu'un galant homme se conduise comme vous venez de le faire sans de puissants motifs. J'attends vos explications dans quinze jours.

M. de Mas baisa respectueusement la main de miss Sarah.

— Adieu, miss, dit-il, et Dieu vous garde de l'amour funeste qu'inspire trop souvent, hélas! le comte de Morangis!

M. de Mas salua une dernière fois et disparut.

La jeune Anglaise s'accouda alors à l'entablement de la croisée, dont le jeune homme avait poussé le volet, et son regard suivit la direction qu'il lui avait indiquée de la main.

Elle aperçut la chaise de poste à travers les arbres, elle vit les trois hommes emporter M. de Morangis, et derrière eux M. de Mas qui ne tarda point à les atteindre.

Puis un claquement de fouet et un bruit lointain de grelots se firent entendre; la chaise de poste s'ébranla, et miss Sarah la vit bientôt disparaître à la corne de la forêt voisine.

Alors elle vint se rasseoir, toute rêveuse, devant la table placée au milieu du chalet.

— Il y a certains de mes compatriotes, se dit-elle, qui eussent payé dix mille livres sterling pour voir ce soir ce que j'ai vu.

Elle continua à rêver et se dit encore au bout de quelques minutes :

— J'ai pourtant tenu dans mes mains, tout à l'heure, la vie du comte de Morangis, de cet homme qui, quelques minutes avant, me défiait et me disait insolemment : « J'ai juré que vous m'aimeriez! » de cet homme dont l'amour est mortel, dit-on.

Elle prit son front à deux mains.

—Qui sait! murmura-t-elle, si je n'ai pas eu tort de jurer?... J'avais le droit de le laisser mourir comme il a laissé mourir O'Neal... et peut-être...

Sans doute miss Sarah eut peur de l'étrange pensée qui lui vint à l'esprit, car elle se redressa hautaine et l'ironie aux lèvres :

— Allons donc! se dit-elle, je suis folle, et j'ai trop d'orgueil pour me jamais humilier au point de me donner un maître. Le comte de Morangis est un fat.

Elle se leva, ferma le volume de lord Byron qu'elle lisait avant l'arrivée du comte et jeta sur ses épaules le plaid rayé qui lui servait de manteau par les fraîches soirées d'automne.

Puis elle ramassa le stylet corse, le remit dans sa gaîne, éteignit la lampe et sortit du chalet, dont elle ferma soigneusement la porte.

Miss Sarah appartenait à cette race

des Anglais voyageurs qui se trouvent chez eux et à leur aise dans le monde entier. Elle n'avait peur de rien.

Bien qu'il y eût près d'un quart de lieue du chalet au château, elle faisait cette route là tous les soirs, seule, en fredonnant un air d'opéra et sans la moindre crainte des voleurs et des loups-garous.

Elle rentra au château d'un pas leste, gagna sa chambre et se mit au lit.

Mais, chose étrange ! miss Sarah ne

dormit point, et plus d'une fois, elle se répéta, comme dans le chalet, après le départ de M. de Mas :

— Qui sait? J'aurais dû peut-être laisser brûler la cervelle au comte de Morangis.

Vers le matin, cependant, et comme les premières lueurs de l'aube pénétraient dans sa chambre, miss Sarah finit par s'assoupir.

Mais elle fut bientôt réveillée par le vacarme quotidien des chasseurs qui se levaient, des chiens hurlant sous le fouet, des chevaux qui piaffaient dans la cour.

Elle songea alors que l'absence du comte de Morangis allait être remarquée, et, obéissant à ce sentiment de curiosité inné chez les filles d'Ève, elle se glissa hors de son lit, ouvrit sans bruit sa fenêtre et s'abrita derrière les persiennes.

Sa fenêtre donnait sur la cour.

Bientôt elle entendit M. Victor Sélain qui disait :

— Mais où est donc notre nouveau compagnon, le comte de Morangis ?

Une voix répondit :

— Le comte ne chassera pas ce matin. Il est encore au lit, et se trouve las du voyage.

Cette voix était celle de M. Gustave Chaumont. Elle fit tressaillir profondément miss Sarah.

— Son ami est-il complice de M. de

Mas? se demanda-t-elle, et ne serait-ce pas grâce à lui qu'on a pu préparer l'enlèvement?

Mais ce soupçon n'était pas admissible, car miss Sarah songea sur-le-champ qu'en admettant que M. Gustave Chaumont eût pu indiquer à M. de Mas l'arrivée à Marly-sur-Yonne du comte de Morangis, il n'avait pu lui annoncer qu'elle, miss Sarah, le recevrait, le soir même, dans le pavillon du parc.

Ce soupçon rejeté, force fut à la jeune

Anglaise de chercher une autre explication aux paroles de M. Gustave Chaumont, et cette explication lui vint tout naturellement.

Le comte de Morangis s'était vanté, sans nul doute, d'avoir rendez-vous avec elle.

Or, vraisemblablement, les deux amis avaient été logés l'un près de l'autre au château, et M. Chaumont avait attendu vainement son ami toute la nuit. Par conséquent, dans la pensée de M. Chaumont, le comte avait passé la nuit dans le chalet, et il couvrait son absence de cette banale excuse.

Miss Sarah sentit le rouge lui monter au visage.

— Décidément, pensa-t-elle en songeant à tout ce qu'elle avait appris déjà sur M. de Morangis, cet homme est un fat et un misérable.

Un moment elle fut tentée de passer un peignoir à la hâte, de descendre dans la cour et de dire à M. Chaumont.

— Vous mentez! le comte n'est point dans son lit, le comte n'a point passé la nuit au château.

Mais elle se souvint de son serment et ce serment la retint.

Les chasseurs partirent. Lord Salwy et sa femme étaient avec eux. Plusieurs autres dames avaient voulu suivre la chasse, de telle sorte qu'il ne resta au château que quelques personnes, parmi lesquelles miss Sarah et madame Séclain.

Cette dernière n'était point levée au départ des chasseurs, et ni elle, ni les personnes qui demeurèrent n'eurent connaissance de l'absence du comte de Morangis.

On parla de lui, au déjeuner, comme s'il avait suivi la chasse, et personne ne s'en inquiéta.

Miss Sarah fut très-inquiète durant toute la journée.

Qu'allait-il arriver? Evidemment, M. Gustave Chaumont avait su le rendez-vous qu'elle avait donné au comte, et ce dernier ne se retrouvant pas, il pouvait se livrer à des suppositions étranges.

Vers trois heures, les chasseurs revinrent. Par bonheur pour miss Sarah, M. Gustave Chaumont, qui connaissait parfaitement les environs, avait eu le bon esprit de lancer son cheval à travers les bois et de gagner par un raccourci, une demi-heure environ sur le reste de la troupe.

La première personne qu'il aperçut

en franchissant la grille du parc fut miss Sarah, qui se promenait fort tranquillement, son ombrelle sur l'épaule. Il la salua et passa sans mot dire. Mais à peine eut-il jeté la bride à un valet et mis pied à terre, qu'il monta lestement à l'appartement qu'on lui avait donné au château et qu'il avait dû habiter en commun avec M. de Morangis.

Le lit de ce dernier n'était pas même foulé, et un fauteuil placé devant la porte lui donna conviction que le comte n'était pas même rentré.

— Voilà qui est bizarre! murmura-t-il : même quand on passe la nuit en bonne fortune, on a coutume de rentrer chez soi au matin.

M. Chaumont redescendit.

—As-tu vu M. le comte de Morangis? demanda-t-il à un valet qu'il rencontra dans l'escalier.

— Non, monsieur.

— Pas depuis ce matin ?

— Mais non, dit le valet ; il doit être à la chasse.

— Ah ! c'est juste, dit M. Chaumont qui passa son chemin et gagna le parc.

Miss Sarah se promenait toujours. Elle avait un livre à la main.

M. Chaumont s'approcha d'elle et la salua de nouveau.

— Bonjour, miss, dit-il.

Miss Sarah fut impassible.

— Bonjour, monsieur, répondit-elle.

Et comme le jeune homme paraissait

assez embarrassé et semblait cependant avoir quelque chose à lui dire :

— Comment va votre ami? demanda-t-elle.

Cette question stupéfia M. Gustave Chaumont.

— Mais, balbutia-t-il, je ne sais pas...

— Il était avec vous à la chasse, j'imagine? fit-elle avec un sang-froid imperturbable.

— Non pas.

— Bah !

— Et même, pour l'excuser, poursuivit M. Chaumont, qui fixa un œil perçant sur la jeune Anglaise, j'ai dit ce matin qu'il était las et qu'il demeurait au lit.

— Et il a dormi, sans doute, la grasse matinée?

— Nullement.

— Voyons, monsieur, fit miss Sarah en riant, expliquez-vous, de grâce!

M. Chaumont était quelque peu abasourdi du calme de l'Anglaise.

— Mais, dit-il, la vérité est qu'il n'est pas rentré.

— Quand cela ?

— Hier soir.

— Plaît-il ?

M. Chaumont répéta :

— Mon ami le comte de Morangis m'a quitté hier soir pour aller fumer un cigare, entre neuf et dix heures, et je ne l'ai pas revu.

— En vérité ?

—Vainement ai-je demandé de ses nouvelles.

— On ne l'a point vu?

— Non, miss, et je vous cherchais précisément.

— Moi?

— Oui, miss.

— Et pourquoi donc?

— Mais, pour vous demander si... par hasard... vous ne sauriez pas?...

— Ah çà! monsieur, fit la jeune fille

avec hauteur, pensez-vous que j'aie fumé des cigares avec votre ami?

M. Chaumont, de plus en plus déconcerté, finit par dire :

— Excusez-moi, miss, mais ce n'est point sans raison que je vous ai demandé des nouvelles de mon ami. Je l'ai quitté hier soir dans le parc, au moment où il allait au rendez-vous que vous lui aviez donné dans le châlet.

En parlant ainsi, M. Chaumont s'attendait soit à une grande confusion, soit à une indignation violente de la part de la jeune Anglaise.

Il n'en fut rien; miss Sarah demeura calme :

— Puisque vous êtes si bien renseigné, monsieur, dit-elle, je vais vous répondre.

— Vous l'avez donc vu?

— Oui...

— Dans... le chalet?...

— Il y est resté près d'une heure avec moi.

— Et... il en est sorti?

— A dix heures. J'étais seule, sur mon honneur!

— Mais, au moins, vous savez...

— Je sais une foule de choses que je ne puis vous dire, répliqua-t-elle froidement.

— Cependant, miss, je suis son ami.

— Je le sais.

— Et vous pourriez... me dire...

— Monsieur, dit miss Sarah d'un ton ferme, je vais vous donner un conseil.

— J'écoute.

— Annoncez au maître du château, et à ses hôtes, que M. de Morangis a quitté Mailly-sur-Yonne, rappelé par une voix mystérieuse. Vous trouverez bien une raison plausible.

— Ainsi donc, il ne reviendra pas?

— Non, du moins avant quinze jours.

— Tout cela est extraordinaire.

— J'en conviens; mais, ajouta miss Sarah, qui salua M. Chaumont et prit congé de lui, ce n'est point à moi, monsieur, à éclaircir ce mystère. Je suis liée par un serment solennel. Au revoir...

Et miss Sarah laissa M. Chaumont stupéfait.

CHAPITRE SEPTIÈME.

VII

Revenons au comte de Morangis, que M. de Mas faisait emporter garrotté jusqu'à la chaise de poste.

Le comte était baillonné et lié si solidement que toute résistance de sa part était matériellement impossible.

On le jeta dans la chaise de poste, et M. de Mas s'assit auprès de lui.

Puis les trois hommes au visage noirci montèrent sur le siége et derrière la voiture, et le postillon fouetta les chevaux.

La chaise de poste partit au grand trot.

Pendant dix minutes, M. de Morangis, au comble de la fureur et de l'impuissance, se sentit emporter rapidement vers un but inconnu.

M. de Mas, assis en face de lui, fumait fort tranquillement son cigare.

La chaise de poste fit environ une lieue au milieu des bois; au bout de ce temps, M. de Mas, muet jusque-là, rompit le silence.

— Monsieur, dit-il au comte, je vais vous ôter votre bâillon, car nous avons besoin de causer.

Et en effet, il dénoua le foulard qu'on

avait enfoncé dans la gorge du comte. Celui-ci n'eut pas plutôt reconquis l'usage de la parole, qu'il s'en servit pour prononcer un seul mot :

— Misérable !

M. de Mas haussa les épaules.

— Monsieur le comte, lui dit-il, permettez-moi de vous faire une seule observation. Si vous m'insultez, je vais appeler un de mes gens, et vous serez bâillonné de nouveau ; si, au contraire, vous demeurez tranquille, je vais dénouer moi-même les cordes qui cerclent vos pieds et vos mains.

Le calme de M. de Mas avait quelque chose d'effrayant qui triompha de l'irritation impétueuse du comte.

— Soit, monsieur, dit-il d'une voix qu'il s'efforçait de rendre courtoise, sans y parvenir, mais c'est à la condition, je suppose, que vous vous expliquerez enfin...

— Autant qu'il dépendra de moi, croyez-le bien, monsieur.

Et M. de Mas ajouta :

— Voulez-vous me donner votre parole de rester calme, et je vais vous délier?

M. de Morangis hésita :

— Oh! mon Dieu, dit M. de Mas, il ne faudrait pas que l'espérance de m'échapper vous fît tergiverser un seul instant. Votre espérance serait folle, et la chose est tout à fait impossible... Jugez-en vous-même : nous sommes au milieu des bois, à plus d'une lieue de toute habitation ; j'ai avec moi quatre hommes dévoués, nous sommes armés et vous ne l'êtes pas...

M. de Morangis ne put réprimer un soupir. Ce soupir attestait la conviction où il était de son impuissance.

M. de Mas le délia et l'aida à s'asseoir commodément en face de lui, dans le fond de la chaise de poste, choisissant pour lui le siége au rebours.

M. de Morangis garda le silence un moment. L'obscurité était profonde, mais ses yeux étincelaient, et M. de Mas les voyait briller dans les ténèbres.

Enfin, il se hasarda à parler :

— Monsieur, dit-il, je suis en votre pouvoir, et vous pouvez me tuer...

— Oh! rassurez-vous, monsieur, je ne le ferais que dans le cas où vous m'y forceriez.

— C'est bien heureux! ricana le comte, mais, peut-être, me ferez-vous une grâce?

— Parlez...

— Où me conduisez-vous?

— A trente lieues d'ici, en Morvan.

— Ah! Et peut-on savoir chez qui?... Je connais beaucoup de gens dans ce pays-là...

— Vous en convenez?

— Oh! certainement...

— N'est-ce point en Morvan que se trouve le château de Roche-Noire? celui de ce pauvre baron de Nesles que vous avez tué après avoir essayé de le déshonorer...

— Monsieur !

— Oh ! tenez, dit M. de Mas avec calme, convenons d'une chose, monsieur, afin de ne point nous quereller inutilement.

— J'écoute.

— Dans quelques jours, vous serez libre et je me mettrai à vos ordres, prêt à vous donner toutes les satisfactions possibles. Mais, d'ici là, habituez-vous à me considérer comme un geôlier et même comme un juge.

— Et de quel droit me jugez-vous?

— Je vous le dirai plus tard.

— Ah! monsieur! monsieur!... murmura le comte, dont la voix couvait des tempêtes, vous n'aurez jamais assez de sang dans les veines pour me satisfaire....

— Je tâcherai, répliqua froidement M. de Mas. Voulez-vous un cigare, monsieur?

— Merci. Je préfère savoir...

— Où je vous conduis? Je vous l'ai dit, en Morvan.

— Chez qui?

— Vous le saurez plus tard.

— Mais...

— Monsieur le comte, interrompit M. de Mas, si vous persistez à m'accabler de questions, je vais frapper à la vitre : mes hommes descendront du siége, et je leur ordonnerai de vous bâillonner de nouveau.

— Soit, monsieur, répliqua le comte,

je me tairai. Mais vous me promettez d'être, un jour ou l'autre, à ma disposition ?

— Sur l'honneur.

M. de Morangis ricana.

— Votre conduite est si déloyale que je pourrais me dispenser de vous croire.

— Comme vous voudrez.

— Mais je vais tâcher de le faire, acheva le comte.

Et il retomba dans un profond mutisme.

La chaise de poste courait toujours à travers les bois. De temps à autre, elle arrivait dans une éclaircie, et alors un rayon de lune glissant au travers des arbres pénétrait dans sa voiture et illuminait un moment le pâle visage de M. de Morangis.

Plusieurs fois le prisonnier s'était penché à la portière, essayant de reconnaître le pays qu'il parcourait, mais inutilement Il courait ventre à terre au milieu de grands bois, et toutes les forêts se ressemblent.

M. de Mas fuma une série de cigares, plusieurs heures s'écoulèrent, et le plus profond silence régna entre lui et le comte. Seulement, comme les premiers rayons du jour glissaient à la cime des arbres, ce dernier remarqua une chose bizarre : la chaise de poste s'arrêta tout à coup pour relayer.

Les mêmes chevaux avaient couru toute la nuit.

— Ah! dit M. de Morangis, nous voici arrivés sans doute!

— Non, monsieur, répondit M. de Mas, pas encore. Nous allons changer de chevaux.

Le comte se pencha à la portière et ne vit ni maison, ni écurie au bord de la route.

— Où donc est votre relai? fit-il d'un ton railleur.

Mais un des hommes barbouillés de suie se chargea de répondre. Il posa deux doigts sur sa bouche et fit entendre un coup de sifflet aigu et prolongé. A ce bruit, un homme apparut à travers les arbres, conduisant par la bride un cheval suivit de deux au'res.

Comme ceux qui avaient garrotté le comte, cet homme avait la figure noircie, et il était impossible de distinguer ses traits.

—Quand il le faut, monsieur, dit M.

de Mas, railleur à son tour, on sait improviser, dans ce pays, des relais de poste.

— Je le vois, monsieur, répondit le comte ; seulement, je me demande pourquoi les postillons sont ainsi barbouillés ?

— Afin que jamais vous ne puissiez les reconnaître.

Ces derniers mots épouvantèrent le comte, tout brave qu'il était.

— Je commence à croire, dit il, que vous voulez m'assassiner.

M. de Mas haussa les épaules.

— S'il en était ainsi, dit-il, on ne redouterait pas votre témoignage.

— Que voulez-vous donc faire de moi?

M. de Mas se tut, et le comte de Morangis comprit qu'il n'en pourrait rien obtenir.

La chaise de poste repartit et courut

deux heures encore, sans pour cela sortir des bois.

Au bout de deux heures de mutisme, M. de Morangis ne put se défendre de dire :

— Voilà une forêt comme je n'en ai jamais vu ; elle est d'une étendue...

— Rassurez-vous, nous sommes bientôt au bout.

— Ah ! c'est fort heureux. J'ai hâte de voir le paysage.

— Malheureusement, vous ne le verrez pas.

— Plaît-il ?

— J'ai l'honneur de vous l'affirmer.

— Et pourquoi cela ?

— Parce que je vais vous faire bander les yeux.

— Vous plaisantez ?...

— Nullement.

M. de Mas frappa à la glace de devant de la voiture. Aussitôt elle s'arrêta, et le comte vit un de ses geôliers dégringoler du haut du siége et venir à la portière.

— Avez-vous le bandeau? demanda M. de Mas.

L'homme noirci tendit silencieusement le foulard.

M. de Mas ouvrit la portière.

— Entrez, dit-il, vous vous acquittez à merveille de cette opération.

M. de Morangis essaya de protester.

— Tout cela est indigne d'un galant homme, monsieur, dit-il.

— Hélas! monsieur, c'est nécessaire, et la nécessité excuse tout.

— Peut-on savoir pourquoi?

— Il ne faut pas que vous sachiez dans quelle maison on vous conduit.

M. de Morangis haussa les épaules et garda un silence farouche.

L'homme noir s'excusa par geste et appliqua sur les yeux du comte le foulard plié en quatre, puis il le noua solidement derrière la tête.

— Monsieur, dit alors M. de Mas, qui

fit sonner la noix de ses pistolets, je dois vous prévenir qu'au moindre mouvement que vous ferez pour vous débarrasser de ce bandeau, je vous logerai une balle dans la tête.

— C'est bien, murmura le comte. Oh! j'aurai mon heure un jour!...

Dix minutes après qu'on eut bandé les yeux à M. de Morangis, la chaise s'arrêta.

— Monsieur, dit M. de Mas, nous sommes arrivés à notre destination.

— Ah ! ricana le comte. Allez-vous enfin me débarrasser de ce bandeau ?

— Pas encore, et je vous renouvelle ma défense de l'ôter. Sur l'honneur, si vous le tentez, je fais feu !

M. de Mas descendit le premier ; puis il prit la main du comte pour l'aider à sortir de voiture.

Aussitôt qu'il eut touché la terre, M. de Morangis se sentit prendre par les deux bras, et M. de Mas lui dit :

— Laissez-vous conduire. Je marche derrière vous.

M. de Morangis s'était toujours montré brave parce qu'il s'était toujours trouvé en face d'un danger prévu et raisonné. Il s'était battu en duel plusieurs fois, et sur le terrain jamais son cœur n'avait battu plus vite. — Mais aujourd'hui il se voyait face à face avec un péril inconnu; il ne savait ni où on le conduisait, ni ce qu'on allait faire de lui, — et une terreur mystérieuse l'ayant gagné insensiblement, ce fut sans la moindre résistance qu'il se laissa entraîner.

D'abord il comprit qu'il cheminait sur le sable d'une allée; puis, au sable succéda une surface dure et polie qu'il reconnut pour des dalles, — en même temps que l'air moins vif et la sonorité de ses pas lui apprenaient qu'il venait de passer du grand air à l'intérieur d'une maison.

— Vous avez un escalier devant vous

et trente marches à descendre, lui dit tout à coup M. de Mas.

Le comte descendit, toujours soutenu par ses deux guides.

Bientôt un air humide lui fouetta le visage, et il pensa qu'il était dans un souterrain.

— Maintenant, dit encore M. de Mas, vous pouvez arracher votre bandeau, monsieur le comte.

Le prisonnier ne se fit point répéter

l'autorisation et il tira le bandeau à lui.

Mais alors son étonnement et sa terreur augmentèrent.

Un homme marchait devant lui portant une torche qui avait peine à éclairer les profondeurs d'un souterrain dont il était impossible au comte d'apercevoir l'extrémité.

Aux marches de l'escalier avait succédé une pente assez rapide.

Tout à coup l'homme qui portait la

torche s'arrêta devant une petite porte latérale sur laquelle il frappa trois coups.

— C'est ici, dit M. Mas.

La porte s'ouvrit, l'homme à la torche entra le premier, puis derrière lui M. de Mas, et enfin le comte dont les deux hommes barbouillés tenaient chacun un des bras.

M. de Morangis se trouva alors dans une sorte de salle basse voûtée et de forme ovale, comme il en existe tant dans les vieilles constructions féodales.

— Ceci, monsieur, dit M. de Mas, vous représente l'ancien tribunal du château, car je dois vous dire que nous sommes dans un château.

— J'en suis charmé, murmura M. de Morangis, qui essaya de ricaner encore, mais dont l'effroi augmentait de plus en plus.

—Ici, poursuivit M. de Mas, on pourrait saigner un homme avec un couteau de boucher, sans que ses cris allassent bien loin.

Le comte frissonna.

Tout à coup, l'homme qui avait éclairé la marche posa sa torche sur la table, et la clarté, s'immobilisant, permit au prisonnier de jeter un regard scrutateur autour de lui.

Des objets bizarres frappèrent sa vue. D'abord, il remarqua dans un coin des amas de briques, et auprès d'elles une auge et une truelle de maçon.

Puis, un peu plus loin, il vit un fourneau en briques dans lequel couvaient quelques morceaux de charbon mal allumés.

Enfin, sur une table, il aperçut une fiole emplie d'une liqueur verdâtre.

M. de Mas lui dit :

—Avant de vous expliquer ce que tout cela signifie, monsieur, permettez qu'on remplisse une petite formalité.

Et il fit un signe.

Soudain les deux hommes qui conduisaient le comte le renversèrent brusquement, comme ils avaient déjà fait pendant la nuit précédente. et, avant qu'il eût eu le temps de crier, il se trouva garrotté de nouveau et hors d'état d'opposer la moindre résistance.

Pendant ce temps, l'homme à la torche s'était accroupi devant le fourneau, et, armé d'un soufflet, il allumait le charbon dans lequel un morceau de fer, assez semblable à ceux qu'on enduit de poix pour marquer les moutons ou les chiens de meute, commençait à rougir...

# CHAPITRE HUITIÈME.

VIII

M. de Morangis se prit à contempler ce fourneau avec une sorte de stupeur. Pourquoi ce feu? Pourquoi ce morceau de fer qui rougissait lentement?

Pourquoi cette truelle baignant dans du plâtre délayé ?

Alors cet homme, qui n'avait jamais tremblé devant la pointe d'une épée ou le canon d'un pistolet; cet homme impitoyable, qui s'était joué de l'amour et de l'honneur des femmes; ce jeune homme de vingt ans, plus blasé qu'un vieillard, plus insensible qu'un automate, se prit à frissonner, et pour la première fois peut-être se demanda s'il n'y avait pas une justice divine, terrible et inexorable.

M. de Mas s'était assis sur un banc de bois, un vieux banc en chêne vermoulu qui avait dû servir jadis de sellette aux criminels que jugeait le châtelain ; et, sur un signe de lui, on avait forcé M. de Morangis à prendre place en face de lui sur un escabeau.

Il y eut un moment terrible de silence au milieu de cette salle souterraine; et parmi ces cinq hommes, dont l'un était le juge, l'autre le condamné, les trois autres les exécuteurs de la sentence mystérieuse.

Tandis que celui qui avait porté la torche attisait le feu du fourneau, un autre s'approcha de l'auge, prit la truelle et remua le plâtre liquéfié.

Quant au troisième, il déboucha la bouteille placée sur la table et qui contenait une liqueur verdâtre.

— Monsieur le comte de Morangis, dit enfin M. de Mas, avant de vous expliquer pourquoi et comment vous êtes ici, laissez-moi vous faire un peu d'histoire rétrospective.

Le comte était trop ému pour railler désormais ; il n'avait même plus le courage d'opposer les injures ou les menaces aux violences qui lui étaient faites.

M. de Mas continua :

— Un matin, il y a cinq mois, je vous ai abordé au café anglais et je vous ai donné à choisir : ou vous battre avec moi, ou épouser mademoiselle Blanche-

Armande Charvet de Pierrefeu, que vous aviez compromise. Vous avez préféré vous battre. Notre rencontre avait lieu devant des amis communs auxquels, si nous nous étions montrés trop acharnés, il eut été nécessaire de faire des confidences. Aussi, après vous avoir blessé légèrement à l'épaule, ai-je consenti à remettre à plus tard la suite de notre différend.

— Où voulez-vous en venir, monsieur ? demanda le comte.

— Attendez...

— Soit, j'écoute, murmura le comte qui ne pouvait détacher ses yeux du fourneau.

— Le lendemain, poursuivit M. de Mas, vous vous êtes battu avec M. le baron de Nesles et vous l'avez tué. Cette rencontre, monsieur, a fait trop de bruit pour qu'il me fût permis de l'ignorer longtemps, et vous avez dû vous étonner de ne point me voir arriver pour réclamer mon droit de priorité.

— En effet, essaya de ricaner le comte que le fourneau occupait de plus en plus.

— Ah! c'est que, monsieur, j'étais loin, très-loin de Paris. J'avais accompagné une mère désolée et une pauvre folle en Allemagne, dans une petite ville perdue au milieu des montagnes de la Saxe-Royale, et qui posséde un médecin exceptionnel, un homme de science merveilleuse qui a, pour guérir la folie, de mystérieuses recettes.

En ce moment, le naturel railleur et méchant de M. de Morangis reprit le dessus et l'emporta sur son effroi.

— Ah! dit-il, je gage que la folle dont vous parlez n'est autre que mademoiselle de Pierrefeu.

— Vous avez deviné.

— Et certes, continua le comte, tout ému et tout garrotté qu'il était, votre conduite a dû paraître fort belle à la comtesse...

M. de Mas ne répondit pas.

— Ainsi, elle était folle ? poursuivit le comte.

— Depuis le jour où elle apprit que vous aviez tué M. de Nesles.

— Pauvre jeune personne ! Et... est-elle guérie maintenant ?

— Oui, monsieur.

— Et... elle vous aime ?...

— Monsieur, dit froidement M. de Mas, votre situation est assez grave pour que vous soyez sérieux.

— Bah ! qui sait ? Tenez, je gage que

la comtesse s'est laissée fléchir, qu'elle n'a plus reculé devant votre peu de fortune et que... Ah! parbleu! vous avez épousé Blanche, n'est-ce pas?

M. de Mas haussa les épaules.

— Monsieur le comte, dit-il, les détails que je viens de vous donner là n'avaient qu'un but.

— Ah! voyons.

— Celui de vous prouver que j'étais absent de Paris depuis cinq mois. Maintenant, parlons de vous.

— Mais fit le comte avec un accent qu'il s'efforçait de rendre moqueur, j'ai pareillement voyagé, moi.

— Je le sais.

— Je suis allé en Suisse, en Allemagne, que sais-je?

— Ceci m'est indifférent. Mais arrivons au fait.

— Allons ! j'écoute...

M. de Mas étendit la main vers le fourneau :

— Monsieur le comte, dit-il, voyez-vous ce morceau de fer qui a la forme d'un marteau à deux têtes et qui rougit à blanc?

Pour la seconde fois le comte tressaillit, car la voix de M. de Mas avait la solennité de celle d'un juge.

— L'extrémité de cet instrument, poursuivit M. de Mas, porte un mot gravé en relief. Chaque lettre de ce mot s'imprimera fumante dans la chair de votre front et y demeurera gravée pour toujours...

Le comte, tout lié qu'il était, fit un soubresaut sur son siége et essaya de se lever et de marcher. Il aurait voulu fuir.

— Ce mot, continua M. de Mas, se compose de huit lettres : ASSASSIN ! car l'homme qui a tenté de séduire la femme et qui tue le mari en duel mérite cette épithète... Oh! il est inutile que vous vous débattiez, monsieur le comte, il est inutile que vous appeliez au secours. Nous sommes à dix mètres sous terre;

au-dessus de nous s'élève un vieux château situé au milieu des bois, et nul ne viendra à votre secours.

L'audace de M. de Morangis s'était évanouie; il semblait frappé de prostration.

M. de Mas reprit :

— Cette bouteille que vous voyez là contient du vitriol. Le vitriol, vous le savez, fait du plus beau visage un objet d'horreur. Si vous reculez devant le fer rouge, si vous ne voulez pas être marqué au front !,... eh bien vous êtes libre de choisir... Vous pouvez être défiguré ; et alors, monsieur le comte, votre visage ne séduira plus personne, on ne vous aimera plus, vous ne serez plus cet homme irrésistible qui déshonore les femmes et séduit les jeunes filles...

M. de Morangis écoutait, pâle, frissonnant, le front baigné d'une sueur glacée.

— Monsieur, continua M. de Mas, il est des crimes que le Code pénal ne châtie point. Si vous aviez été traduit en cour d'assises après votre duel avec M. de Nesles, le jury eût été forcé de vous acquitter, et je ne sais aucune loi qui punisse l'homme qui compromet une jeune fille honnête par de certains propos. Alors, monsieur, en de semblables cas, le mari tué par un lâche, la jeune fille déshonorée par un misérable trouvent parfois un vengeur; un homme qui se met au lieu et place de la justice humaine, qui n'a point prévu certains forfaits. L'homme que vous avez assassiné, la jeune fille que vous avez séduite ont trouvé le leur : c'est moi qui vais vous punir.

M. de Morangis était pâle et muet d'effroi. Cependant, son regard était menaçant toujours, et il se sentait trop fier encore pour demander grâce.

— Ou bien, poursuivit M. de Mas, après un silence de quelques seconces, si vous n'avez pas le courage de reparaître dans le monde marqué au front d'un stigmate indélébile ou le visage couturé de traces horribles, si vous préférez la mort à une vie semblable, eh bien, regardez!...

Et M. de Mas indiquait l'auge emplie de plâtre, la truelle et le monceau de briques.

— Avez-vous lu Balzac, monsieur le comte? Oui, sans doute. Alors, vous devez vous souvenir de la nouvelle intitulée la *Grande-Bretèche*, et de ce prêtre espagnol qu'un mari jaloux fit murer dans un cabinet? Eh bien! choisissez: ou le fer rouge, ou le vitriol, ou cette salle, dont on va murer la porte, pour tombeau?

Cette dernière perspective mit le comble à l'épouvante du comte; et, cette fois, tout ce qu'il y avait d'orgueil humain chez lui plia et s'abaissa...

— Grâce! murmura-t-il d'une voix étouffée.

— Grâce! fit M. de Mas d'un ton railleur, ah! vous demandez grâce! Mais avez-vous eu pitié de M. de Nesles! avez-vous eu pitié de Nana! avez-vous eu pitié de Blanche de Pierrefeu !

— Grâce!!! répéta le comte dont les dents claquaient de terreur.

— Et si je vous fais grâce, épouserez-vous Blanche?

— Je vous le jure...

Et le comte prononça ces mots d'une voix suppliante, et il se laissa tomber à genoux devant cet homme qui l'avait traité de lâche et d'assassin.

M. de Mas fit un signe. A ce signe, un des trois hommes prit le comte à bras le corps et le força de nouveau à s'asseoir.

Alors le juge inexorable déboutonna son habit et tira de sa poche une petite boîte qu'il ouvrit et plaça sous les yeux de M. de Morangis.

Cette boîte était divisée en deux compartiments.

L'un contenait de petites pastilles noirâtres ; l'autre des pastilles de même forme, mais de couleur jaune.

— Monsieur le comte, dit encore M. de Mas, le médecin allemand qui guérit la folie a longtemps vécu dans l'Inde, comme chirurgien d'une frégate suédoise. Il y a pénétré les secrets des empoisonneurs malais ; il a étudié ces arbres vénéneux, distillé ces plantes mortelles qui abondent sous le ciel asiatique. Je tiens de lui cette boîte...

Et comme le comte ne paraissait pas comprendre :

— Ces pastilles noires, poursuivit M. de Mas, renferment un poison qui tue au bout de trois heures. Ces pastilles jaunes, prises à temps neutralisent l'effet du poison .. Comprenez-vous?

M. de Morangis attacha sur M. de Mas un regard hébété.

— Je le vois poursuivit celui-ci, il faut que je m'explique. Si je vous fais grâce du fer rouge, grâce du vitriol, si je consens à vous laisser sortir de cette tombe, en échange du serment que vous m'avez fait d'épouser Blanche de Pierrefeu, vous ne tiendrez pas ce serment...

Ce doute émis par M. de Mas était le dernier coup porté à l'orgueil du comte de Morangis.

— Monsieur!!! balbutia-t-il.

— On n'est point obligé de tenir les serments arrachés par la violence. Le premier de vos amis à qui vous conterez cela vous l'apprendra si, par hasard, vous l'ignorez...

Depuis qu'il avait entrevu la possibilité d'échapper au sort épouvantable qui lui était réservé, en épousant Mademoiselle de Pierrefeu, le comte avait retrouvé quelque sang-froid. La voix lui était revenue.

— Eh bien? fit-il.

— Attendez, répondit M. de Mas. Ces hommes ne sont barbouillés de suie et on ne vous a bandé les yeux pour vous amener jusqu'ici, que dans l'éventualité où vous auriez consenti à être marqué ou défiguré.

— Ah! dit le comte.

— Il ne fallait pas que vous pussiez les reconnaître; il ne fallait pas que vous pussiez jamais savoir en quel lieu vous aviez subi votre châtiment.

— Mais je vous aurais toujours retrouvé vous! fit le comte, qui retrouvait peu à peu son audace.

— Monsieur, répondit M. de Mas, on

vous eut gardé quinze jours ici, dans ce souterrain, et j'ai dans ma poche un passe-port pour l'Angleterre. Vous m'eussiez retrouvé en Angleterre, où nous nous serions battus, voilà tout. J'aurais été à l'abri de la loi française.

— Vous êtes prudent ! ricana le comte.

— Mais vous préférez épouser mademoiselle de Pierrefeu, et alors toutes ces précautions deviennent inutiles, hormis une...

Et M. de Mas montrait les pastilles.

— Expliquez-vous donc! fit le comte avec impatience.

— Monsieur, reprit M. de Mas, j'avais prévu ce dénouement. Je savais bien que vous reculeriez et que vous consentiriez à épouser mademoiselle Blanche de Pierrefeu.

— Ah! vraiment? ricana le comte.

— Aussi vos bans ont-ils été affichés

depuis huit jours et vous serez marié dans une heure...

Le comte fit un soubresaut.

— Vous serez marié par un brave paysan, maire de son village, qui s'imagine que vous êtes venu de Paris tout exprès...

— Mais... monsieur...

M. de Mas sourit.

— Oh! dit il, j'ai prévu ce que vous pourriez faire. Vous pourriez vous adresser à cet homme, qui est, après tout, un magistrat, lui porter plainte et vous placer sous sa sauvegarde. Malheureusement... tenez, voilà qui me répond de vous...

M. de Mas montrait toujours les pastilles.

— Je vais vous empoisonner, dit-il. Dans une heure vous serez le mari de Blanche, et alors je vous administrerai le contre-poison; — ou bien vous aurez refusé de l'épouser, et alors dans trois heures vous serez mort.

Insensiblement, M. de Morangis avait reconquis tout son calme.

— Ah! dit-il, vous plaisantez décidément, monsieur, si vous croyez que je vais avaler vos pilules...

M. de Mas se tourna vers l'homme qui soufflait le fourneau.

Celui-ci prit le fer rouge, et en même temps ses deux compagnons se saisirent du comte et le tinrent immobile.

— Choisissez! dit alors M. de Mas : ou le poison, ou le fer rouge...

Le comte se débattait, livide, aux mains de ses bourreaux.

# CHAPITRE NEUVIÈME.

IX

Il est une question que les rhéteurs et les moralistes, non plus que les experts en bravoure, n'ont jamais pu trancher, — à savoir si le courage consiste à céder sagement à une force brutale, invincible, et dont il est matériellement impossible de triompher, ou à lui résister aveuglément.

M. de Morangis s'était déjà posé cette question, sans doute, et, sans doute aussi, il l'avait tranchée par la première des deux solutions, car il cessa de se débattre au bout de quelques secondes, et fit comprendre par un geste, — il était trop ému pour parler, — qu'il désirait une dernière explication.

— Que voulez-vous encore? lui demanda M. de Mas.

— Votre parole d'honneur que vous vous battrez avec moi.

— Dans quinze jours, pas avant.

— Me le jurez-vous?

— Je vous le jure.

— Et me jurez-vous aussi que ce poison que vous dites mortel a pour antidote...

— Les pastilles jaunes que vous voyez là...

Le comte inclina la tête.

— Je le vois, murmura-t-il, je suis tombé dans un guet-apens.

— On se saisit d'un criminel comme on peut, monsieur le comte.

M. de Mas tira sa montre.

— Monsieur, dit-il, bien que nous soyons ici éclairés par une torche, je dois vous prévenir qu'en haut, au soleil, il est neuf heures du matin... et que le maire de la commune a été prévenu. Vous serez marié à neuf heures et demie à la municipalité, et à dix heures dans la chapelle du château.

— C'est bref.

— Ainsi, croyez-moi, hâtez-vous d'avaler cinq de ces pastilles... ou bien laissez-vous marquer de bonne grâce.

Par un geste désespéré, le comte tendit la main vers la boîte.

— Donnez, dit-il.

M. de Mas prit dans sa main cinq pastilles noirâtres, et dit au comte :

— Ouvrez la bouche.

M. de Morangis obéit et les pilules disparurent dans sa bouche; mais il ne les avala point, et, un moment, il eut la folle espérance de pouvoir les dissimuler dans un coin de sa bouche jusqu'au moment où il pourrait les rejeter à la dérobée.

Mais la ruse avait été prévue; l'un des hommes qui le maintenaient immobile lui prit le nez entre le pouce et l'index, lui appuya une main sur la bouche, et cette double pression força le comte à respirer bruyamment... Les pastilles empoisonnés glissèrent dans l'estomac.

Alors M. de Mas remit fort tranquillement dans sa poche la boîte qui contenait à la fois le poison et son antidote, et il dit au comte :

— Je suis bien certain, maintenant, de votre obéissance pendant trois heures. Venez, monsieur, votre fiancée pourrait s'impatienter...

Le comte fut débarrassé de nouveau des liens qui l'étreignaient, et quand il fut libre de ses mouvements, M. de Mas dit encore :

— Vous pouvez suivre un de ces hommes, monsieur. Il vous conduira hors du souterrain et vous introduira dans le château, où l'on vous a préparé une chambre. Vous y trouverez du linge, des vêtements, et vous pourrez faire votre toilette de mariage.

M. de Morangis avait avalé le poison, l'antidote était aux mains de M. de Mas :

cela suffisait pour le mettre complétement à la discrétion de ce dernier.

— Je vous obéirai, monsieur, dit-il d'une voix sombre... Vous tenez ma vie entre vos mains...

— Il ne tient qu'à vous que je n'en abuse pas.

— Oh! certes, fit le comte, je veux vivre... et vivre pour me venger!

— C'est votre droit.

— Me venger de vous d'abord.

— Et... ensuite?

— Ceci est mon secret, fit le comte, dont la voix sourde couvait des tempêtes.

Et, sans ajouter un mot, il suivit l'homme à la torche, qui sortit le premier de la salle souterraine, longea un moment sur ses pas le long couloir en pente dans lequel régnait un air humide, puis gravit l'escalier qui reliait le souterrain à la surface terrestre.

Cette fois, M. de Morangis n'avait

plus les yeux bandés et il put examiner à son aise les lieux qu'il parcourait.

Arrivé sur la dernière marche de l'escalier, il se trouva dans une vaste galerie, un peu sombre, qu'il reconnut sur-le-champ.

C'était le vestibule féodal du château de Roche-Noire, la demeure de cet infortuné baron de Nesles qu'il avait tué.

Et comme il s'arrêtait un moment stupéfait, M. de Mas, qui marchait derrière lui, lui dit :

— Il faut que vous sachiez que la malheureuse baronne Pauline de Nesles s'est retirée dans un couvent, qu'elle a vendu Roche-Noire, et que c'est madame de Pierrefeu qui l'a acheté.

— Merci du renseignement, monsieur.

Et le comte gravit l'escalier d'honneur du château, toujours précédé par l'homme barbouillé de suie, qui avait éteint sa torche.

Le comte espéra trouver dans l'escalier quelque domestique du château, quelque visage connu. Son espoir fut trompé. Le château semblait désert.

Arrivé au premier étage, il fut introduit dans l'ancienne chambre à coucher du baron de Nesles.

Cette chambre avait deux portes : — l'une par laquelle entra le comte et qui ouvrait sur le corridor, l'autre qui donnait dans le salon et qui était fermée à clé.

M. de Morangis aperçut du linge et des habits étalés sur le lit.

— Faites votre toilette, monsieur, dit M. de Mas ; vous n'avez plus devant vous que deux heures trois quarts.

Le comte se dépouilla de ses habits, que les différentes luttes qu'il avait soutenues avaient mis en lambeaux, et tandis qu'il les remplaçait par ceux qu'il trouvait sur le lit, il entendit un bruit confus de voix dans le salon.

— C'est là que vous allez être marié,

lui dit M. de Mas. Le maire, qui est un des fermiers de la comtesse, a bien voulu se déranger.

M. de Morangis s'habilla ;—mais tout en s'habillant il envisagea froidement sa situation, calma sa colère, se réservant de se battre plus tard à outrance avec M. de Mas, — et il s'avoua que, après tout, il en était quitte à très-bon marché en épousant mademoiselle de Pierrefeu.

— J'ai été pris au piége, pensait-il,

mais je me vengerai cruellement, et mademoiselle de Pierrefeu ne trouvera pas grand agrément à devenir comtesse de Morangis. J'en ferai la plus malheureuse des femmes...

— Êtes-vous prêt? demanda M. de Mas.

— Oui, monsieur.

— Alors, venez...

M. de Mas frappa trois coups à la porte du salon et cette porte s'ouvrit.

M. de Morangis aperçut alors cinq

personnes dans le grand salon, encore orné du portrait en pied de feu le baron de Nesles.

Deux de ces cinq personnes étaient le maire et le maître d'école, qui remplissait les fonctions de secrétaire.

Le maire avait mis son écharpe sur sa blouse et il avait conservé ses gros sabots.

Les trois autres personnes étaient de braves campagnards des environs, qui devaient assister les futurs époux comme témoins.

M. de Mas se pencha à l'oreille du comte de Morangis.

— Je dois vous rappeler, monsieur, lui dit-il, que c'est avec le plus grand bonheur que vous épousez mademoiselle de Pierrefeu; sinon, je jette ma botte dans la rivière.

Cette dernière menace enleva à M. de Morangis sa dernière velléité de résistance.

Comme il arrivait au milieu du salon, devant la table derrière laquelle le maire se tenait debout, la main appuyée sur le Code, une deuxième porte s'ouvrit au fond du salon et deux femmes parurent : c'étaient la comtesse de Pierrefeu et sa fille.

Blanche, vêtue de blanc, la tête couverte d'un long voile, s'avança d'un pas ferme, et sans même lever les yeux vers le comte, vint se placer à sa droite.

Alors le maire ouvrit le Code et lut à haute voix le texte de la loi.

Puis il fit les questions d'usage, et le comte et Blanche y répondirent d'un ton ferme.

Enfin il prononça la phrase sacramentelle :

« Vous êtes unis en mariage. »

Et tout aussitôt M. de Mas offrit son bras à la mariée, et dit au comte :

— Venez, monsieur... on nous attend à la chapelle.

Trois quarts d'heure après, M. le comte de Morangis avait épousé à la mairie et à l'église mademoiselle Blanche-Armande Charvet de Pierrefeu; le maire, le curé, les trois campagnards qui avaient servi de témoins, tout le monde s'était retiré.

La marquise elle-même avait regagné sa chambre.

Seuls, le comte, la comtesse de Morangis et M. de Mas se trouvaient face à face dans le grand salon du château.

Alors, pour la première fois, la nouvelle comtesse leva les yeux sur son mari, et son regard était si froid, si hautain, que M. de Morangis tressaillit et comprit que la haine et le mépris avaient succédé dans son cœur à l'amour immense qu'elle avait eu pour lui.

— Monsieur le comte, lui dit-elle, un de mes gens vient de partir à cheval

pour le bureau de poste voisin. Il est
porteur d'une note adressée aux journaux, et dont M. de Mas, *mon ami*, —
elle appuya sur ce mot, — va vous lire
la copie.

M. de Mas déplia un papier qui se
trouvait sur la table et lut :

« Une cérémonie touchante par sa
simplicité vient d'avoir lieu, au fond du
Morvan, dans le vieux château féodal
de Roche-Noire. Deux beaux noms se

sont alliés sans bruit et sans autres témoins que ceux exigés par la loi.

» Un maire de village, en sarrau bleu et en sabots, a marié le.... 185... M. le comte Paul de Morangis avec mademoiselle Armande-Blanche Charvet de Pierrefeu. Les deux jeunes époux vont passer quelques jours dans leurs terres et partiront ensuite pour l'Italie. »

—Ah! pardon, madame, dit le comte, qui, impassible, avait écouté jusqu'au bout, je n'ai nullement l'intention de faire ce voyage.

— Ni moi non plus, monsieur.

— Alors... cette note?...

— Attendez...

Blanche regarda M. de Mas, qui tira sa montre.

— Monsieur le comte, dit ce dernier, voici une heure et demie que vous avez pris le poison.

Le comte pâlit.

— Dans une heure il sera trop tard!...

Soit terreur, soit que, en effet, il éprouvât déjà les premiers symptômes de l'empoisonnement, le comte frissonna et dit avidement :

—Donnez-moi donc ce contre-poison. J'ai tenu mes engagements.... tenez les vôtres...

—Pardon, monsieur, dit la comtesse, tout n'est point fini.

— Que voulez-vous donc encore ?

— Vous m'avez donné votre nom, il faut à présent me faire veuve.

— Vous êtes folle! balbutia le comte au comble de la stupeur.

— Nullement.

— Monsieur, dit M. de Mas, je vais vous expliquer les paroles de madame la comtesse. Nous n'avons point résolu votre mort, mais nous avons décidé que vous seriez trépassé pour le monde entier, excepté pour nous...

M. de Morangis eut le vertige.

— Je ne comprends pas, dit-il.

— Ecoutez donc et ne perdons point

un temps précieux, car le poison doit commencer à agir.

— Ma poitrine brule... murmura le comte, devenu d'une pâleur mortelle.

Et il se laissa tomber sur un siége.

— Monsieur le comte, dit froidement Blanche de Pierrefeu, aussi vrai que vous avez assassiné M. de Nesles, aussi vrai que vous avez tenté de me déshonorer, je vous jure que si vous n'exécutez pas à la lettre le programme que je vais vous tracer, M. de Mas, que voilà jettera par la fenêtre dans la rivière ces pastilles qui, seules, peuvent vous conserver la vie.

Tandis que la comtesse parlait, M. de Mas s'était, en effet, approché de la croisée qu'il avait ouverte.

La petite rivière morvandelle qu'on nomme le Cousin, roulait en bas son flot rapide.

Le comte jeta un cri d'épouvante en voyant M. de Mas suspendre la boîte au-dessus de la rivière ; il voulut se lever, courir à lui et la lui arracher...

Mais Blanche la regarda, et pour la première fois peut-être cet homme, son œil dominateur fut terrassé et cloué par un regard.

— Parlez donc, ordonnez ! murmura-t-il, vaincu.

Et, une fois encore, il porta la main à sa poitrine, dans laquelle naissait une chaleur insolite.

— Asseyez-vous là, devant cette table,

dit la comtesse d'un ton impérieux, et écrivez :

« Ceci est mon testament. Je laisse à ma veuve, la comtesse de Morangis, l'universalité de mes biens, à la charge par elle de payer à un Anglais du nom de George Trenck, qui m'a sauvé la vie autrefois, une pension viagère de trente mille francs.

« Je suis marié depuis hier, et je viens de m'apercevoir que je portais en moi le germe d'une maladie terrible, la *plique*. J'ai gagné ce mal dans mon voyage en Allemagne. Je n'ai pas le courage d'en faire l'aveu à ma jeune femme, et je préfère me tuer. »

Le comte jeta la plume.

— Non, dit-il, non, jamais !

— Prenez garde !... dit la comtesse. Je vous donne deux minutes de réflexion.

Une douleur plus violente que celles qu'il avait déjà ressenties brûla M. de Morangis.

— A bore! dit-il, à boire!... Je vais mourir!...

— Vous avez le temps d'écrire, écrivez!...

Le comte n'hésita plus longtemps. Le mal devenait intolérable; il prit la plume et écrivit.

— Signez! dit la comtesse.

Il hésita une seconde encore, mais le mal lui arracha un cri aigu.

Il signa.

Alors madame de Morangis prit le

papier et le plia en quatre ; en même temps elle fit un signe à M. de Mas.

Celui-ci alla prendre un verre sur la cheminée, et jeta dedans cinq pastilles jaunes, qui ne tardèrent point à se dissoudre et donnèrent à l'eau la couleur de l'or.

Le comte, haletant, attachait les yeux sur lui.

La nouvelle comtesse avait mis dans son corsage le testament de son mari.

— Monsieur, lui dit-elle, j'oubliais de

vous dire que Georges Trenck, c'est vous. On retrouvera dans trois jours un cadavre que j'ai eu toutes les peines du monde à me procurer dans un amphithéâtre de Paris, à demi enterré dans le lit vaseux du Cousin.

Ce cadavre sera défiguré par un coup de pistolet, mais il sera vêtu de vos habits et on trouvera votre testament dans les poches, soigneusement enfermé dans un portefeuille. Le comte de Morangis aura un acte de décès régulier, soyez-en sûr... Quant à Georges Trenck, il vivra fort convenablement avec trente mille livres de rentes. Le reste de votre fortune est pour les pauvres.

— A boire! à boire! s'écria le comte qui éprouvait déjà d'horribles souffrances.

La comtesse se leva et disparut, emportant le testament.

Alors M. de Mas s'approcha et tendit le verre au comte, qui le saisit avec avidité et en avala le contenu d'un trait....

— Il était temps! murmura M. de Mas; dix minutes plus tard vous étiez mort.

CHAPITRE DIXIÈME.

CRITICAL DICTIONARY.

X

Il y eut un moment de silence entre M. de Mas et le comte.

Ce dernier était déjà en proie à de violentes douleurs lorsqu'il avala le contre-poison.

Une chaleur intolérable brûlait sa poitrine, et il ressentait un mal de tête violent.

Ces douleurs se calmèrent comme par enchantement, et son visage crispé se dérida insensiblement. Ce fut l'affaire de dix minutes. Alors M. de Mas lui dit :

— Vous êtes sauvé, monsieur le comte ; encore quelques heures, et vous n'éprouverez plus aucun mal.

Le comte était d'une faiblesse extrême. Il se leva de son fauteuil et fit quelques pas en trébuchant.

M. de Mas était fort calme et sifflotait un air de chasse.

Enfin, M. de Morangis, à qui la force revenait peu à peu, se plaça vis-à-vis M. de Mas et le regarda fixement.

— Ainsi, lui dit-il, je suis sauvé ?

— Oui, monsieur.

— Et je puis m'en aller ?

— Oh ! non, pas encore...

— Ah !

— Il faut que vous me donniez le temps de quitter ce château.

— Pourquoi ?

— Mais, parce que, ainsi que j'ai eu l'honneur de vous le dire, je ne veux point me battre avec vous avant quinze jours, et lorsqu'il n'y aura plus de trace de M. le comte de Morangis.

— Plaît-il ?

— Je veux dire lorsque les journaux de Paris auront publié une note à peu près conçue dans ces termes :

« Nous annoncions, il y a quelques jours, le mariage de M. le comte de Morangis avec mademoiselle Blanche Charvet de Pierrefeu, mariage qui s'était accompli avec une simplicité patriarcale dans la chapelle domestique du château de Roche-Noire. Aujourd'hui, hélas! c'est un épouvantable malheur que nous allons apprendre à nos lecteurs... »

M. de Mas interrompit sa lecture :

— Votre suicide, dit-il, sera longuement rapporté, et votre mort sera déplorée comme une calamité publique.

Le comte, à qui revenait peu à peu son audace, à mesure que ses douleurs se calmaient, le comte haussa les épaules.

— Monsieur, dit-il, vous comptez sans les tribunaux.

— Bah !

— Les tribunaux, à qui je m'adresserai pour faire constater mon identité.

— C'est difficile, en présence d'un acte mortuaire bien en règle.

— Difficile, soit, mais non impossible. Mes amis me reconnaîtront...

Un sourire silencieux glissa sur les lèvres de M. de Mas.

Ce sourire glaça M. de Morangis. Cependant il continua :

— Les tribunaux cassent un mariage contracté sous l'influence d'une menace de mort.

— C'est vrai, dit M. de Mas; mais, je vous le répète, monsieur le comte, pour arriver à ce résultat, il est nécessaire de constater son identité, et dans quinze jours cela vous sera complétement impossible.

— Pourquoi ?

— D'abord, parce que tout le monde vous croira mort.

— Bon, ensuite ?

— Ensuite, parce que vous serez méconnaissable pour tout le monde.

— Voilà que je ne comprends plus.

— C'est inutile, vous comprendrez plus tard.

Et M. de Mas, montrant la porte de la chambre à coucher dans laquelle le comte avait fait sa toilette, lui dit :

— Je ne pense point, monsieur, que vous désiriez rester toute la journée en habits de noces.

— Vous avez raison, dit le comte.

Et il se dirigea vers cette chambre, tandis que M. de Mas demeurait au salon.

Les douleurs de M. de Morangis avaient cessé, la vie lui revenait par tous les pores, il commençait à respirer à pleins poumons; mais il avait besoin d'être seul, ne fût-ce que pour réfléchir à la situation bizarre qui venait de lui être faite.

Aussi s'empressa-t-il de pénétrer dans cette chambre et de s'y enfermer.

Puis, au lieu de se déshabiller comme le lui avait conseillé M. de Mas, il se jeta dans un fauteuil, posa sa tête dans ses deux mains et se livra à une méditation profonde, celle de la bête fauve qui songe à briser les barreaux de sa cage.

Tout à coup, il fut arraché à sa rêverie par un léger bruit et une petite oscillation imprimée à son fauteuil ; et tout à coup aussi, il vit le parquet s'agiter et la partie sur laquelle reposait son siége se détacher du mur et descendre mystérieusement.

Le comte jeta un cri, voulut se lever pour quitter ce plancher mobile qui rappelait celui des oubliettes féodales.

Mais déjà il était trop tard, et le fauteuil dans lequel il était assis descendait avec une rapidité effrayante dans des profondeurs inconnues.

Deux secondes suffirent pour plonger M. de Morangis dans une demi-obscurité, et lorsque le plancher cessa de descendre et reprit son immobilité, ses yeux effarés remarquèrent qu'il se trouvait dans une espèce de salle basse située verticalement au-dessous de la chambre dans laquelle il s'était assis.

Le plancher était remonté lentement, laissant le comte dans son fauteuil, et le fauteuil sur le sol. L'étonnement de M. de Morangis fut tel que, un moment, il se crut le jouet d'un rêve. Mais il finit par se lever, aller et venir par la salle, et force lui fut de reconnaître qu'il était bien éveillé.

Alors il examina le lieu où il était, s'aperçut que la salle basse prenait jour par une meurtrière comme on en voit encore dans les vieux châteaux et les prisons, qu'elle avait une solide porte de chêne ferrée et verrouillée en dehors, et qui sans doute donnait accès sur un corridor souterrain.

FIN DU QUATRIÈME VOLUME.

Argenteuil. — Imprimerie de Worms et Cie.

En vente

UNE FEMME A TROIS VISAGES
par CH. PAUL DE KOCK, auteur de Monsieur Cherami, Monsieur Choublanc, la Mare d'Auteuil, Cerisette, une Gaillarde, etc.

L'AMOUR AU BIVOUAC
par A. de GONDRECOURT, auteur de le Bonhomme Nock, le Prix du Sang, la Vieille Fille, Une Vraie Femme, etc.

LES MARIONNETTES DU DIABLE
par XAVIER DE MONTÉPIN, aut. de les Viveurs de Province, la Maison Rose, l'Auberge du Soleil d'Or, les Bohêmes de la Régence.

LES TROIS FIANCÉES
par EMMANUEL GONZALÈS, auteur de la Mignonne du Roi, la Princesse russe, le Chasseur d'Hommes, etc.

L'HOMME DES BOIS
par ÉLIE BERTHET, auteur de le Douanier de Mer, les Émigrants, la Bête du Gévaudan, les Catacombes de Paris, le Garde Chasse.

LA BELLE AUX YEUX D'OR
par Madame la Comtesse DASH, auteur de les Cheveux de la Reine, la Maison Mystérieuse, la Fée du Jardin, la Dernière Favorite

LES PRINCES DE MAQUENOISE
par H. DE SAINT-GEORGES, auteur de l'Espion du Grand Monde, un Mariage de Prince, etc., etc.

Paris. — Imprimerie de P.-A. BOURDIER et Cⁱᵉ, rue Mazarine, 30.

www.ingramcontent.com/pod-product-compliance
Lightning Source LLC
Chambersburg PA
CBHW060322170426
43202CB00014B/2639

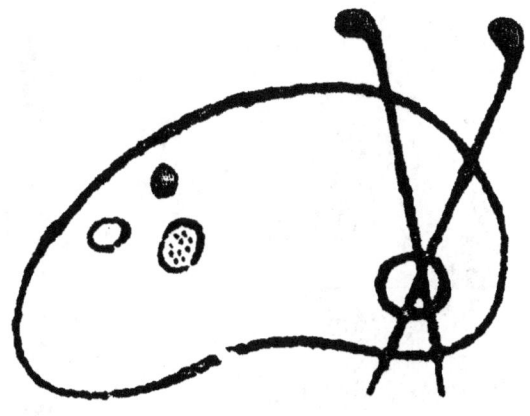

Début d'une série de documents en couleur

OUVERTURES SUPERIEURE ET INFERIEURE D'IMPRIMEUR.

LIBRAIRIE L. LAROSE
22, RUE SOUFFLOT, PARIS

OUVRAGES DE DROIT
SCIENCES, ARTS, LITTÉRATURE, ETC.
NEUFS ET D'OCCASION

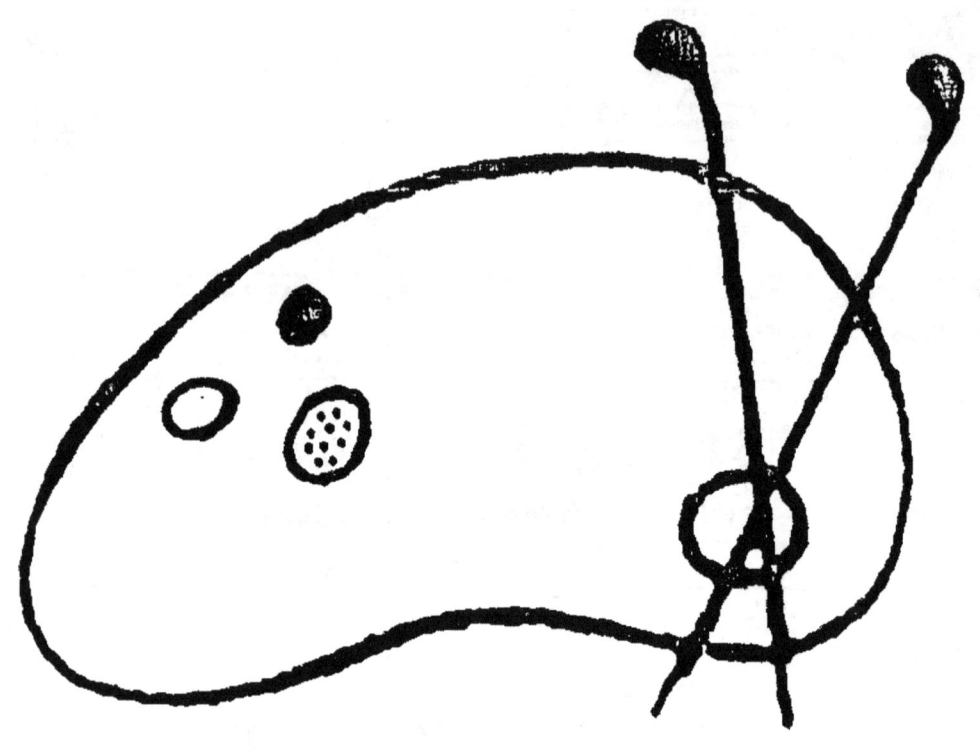

Fin d'une série de documents en couleur

LE
TRÉSOR DE L'ABBAYE

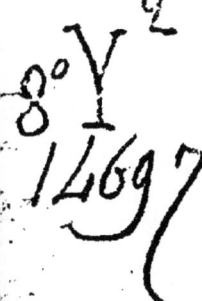

DU MÊME AUTEUR :

Les Idoles. 1 vol. in-12... 3 fr.
Les Drames de la misère. 2 vol. in-12...................... 6 fr.
Patira. 6ᵉ édition. 1 vol. in-12................................ 3 fr.
Le Trésor de l'abbaye (suite de Patira). 11ᵉ édition. 1 vol.
   in-12... 3 fr.
Jean Canada (suite du Trésor de l'abbaye). 1 vol. in-12. 3 fr.
Le Pardon du moine. 1 vol. in-12............................ 3 fr.
Zacharie le Maître d'École. 4ᵉ édition. 1 vol. in-12...... 3 fr.
Les Chevaliers de l'écritoire. 1 vol. in-12................. 3 fr.
Les Parias de Paris. 2 vol. in-12............................. 6 fr.
Les Héritiers de Judas. 1 vol. in-12......................... 3 fr.
La Route de l'abîme. 6ᵉ édition. 1 vol. in-12.............. 3 fr.
Le Cloître Rouge. 4ᵉ édition. 1 vol. in-12.................. 3 fr.
La Maison du sabbat. 4ᵉ édition. 1 vol. in-12............ 2 fr.
La Cendrillon du village. 1 vol. in-12...................... 2 fr.
La Fille au Coupeur de paille. 1 vol. in-12............... 2 fr.
Le Capitaine aux mains rouges. 1 vol. in-12............ 2 fr.
L'Odysée d'Antoine. 1 vol. in-12............................ 2 fr.
Comédies, Drames et Proverbes. Musique de M. Henri
   Cohen. 1 vol. in-12.. 2 fr.

La musique se vend séparément :

Marthe et Marie-Madeleine (partition). — A brebis tondue Dieu mesure le vent (partition). — La Fille du roi d'Yvetot (partition).

Chaque partition : 1 fr. 50 c.

La Foi jurée. 1 vol. in-12...................................... 3 fr.

LE TRÉSOR
DE L'ABBAYE

PAR

RAOUL DE NAVERY

ONZIÈME ÉDITION

PARIS

BLÉRIOT ET GAUTIER, LIBRAIRES-ÉDITEURS

55, QUAI DES GRANDS-AUGUSTINS, 55

1882

A MADAME ALIX DU BOISHAMON

Château de Monchoix.

A MADAME ALIX DU BOISHAMON

Château de Moncholx.

MADAME,

En écrivant le volume dont vous avez bien voulu accepter la dédicace, je n'ai cessé de me transporter par la pensée dans ce pays de Plancoët dont grâce à vous j'ai visité les plus beaux paysages et les ruines les plus majestueuses. Je souhaite que vous retrouviez dans le TRÉSOR DE L'ABBAYE, la note émue qui fit pour vous le succès de PATIRA.

Quelques lecteurs de ce premier volume, le trouvant un peu sombre, se sont demandé si l'auteur n'avait pas inventé le drame poignant dont le manoir de Coëtquen fut le théâtre. Vous qui connaissez d'une façon si complète l'histoire des environs de Dinan, et dont les armes s'écartellent des blasons des plus hautes familles, vous qui m'avez raconté d'un façon si saisissante les chroniques et les légendes de cette partie de la Bretagne, vous savez mieux que personne que l'histoire de la marquise de Goëtquen est aussi véridique et aussi populaire que celle de Gilles de Retz, de sinistre mémoire ; malheureusement tous mes lecteurs ne sont pas comme nous de ce pays de landes, de granit et de chênes où la poésie rêveuse côtoie les épopées chevaleresques et les drames sanglants.

J'ai cueilli près des ruines du Guildo une fleur d'un violet pâle, battue par le vent, mouillée par l'eau de mer, et je la conserve dans l'herbier du souvenir ; le livre ne vaut pas la fleur sauvage, mais s'il vous rappelle un nom ami, je serai trop payé.

RAOUL DE NAVERY.

LE TRÉSOR DE L'ABBAYE

I

LES LOUPS DE COETQUEN

Le jour baisse et les derniers rayons du soleil enveloppent les futaies lointaines onduleuses comme une mer, la forêt de bouleaux qui bientôt se noiera dans une brume bleuâtre, et l'étang dont l'eau scintille autour du manoir, l'enroulant dans ses plis comme un serpent. Les clartés mourantes permettent à peine de distinguer dans la salle basse les personnages des tapisseries de Flandre courant une chasse fantastique sur les murailles, à travers les hauts dressoirs et les meubles ouvragés d'une époque reculée. Des panoplies aux armes ciselées, niellées, repoussées, accrochent çà et là un fugitif éclair, et les grands portraits d'aïeux suspendus en face de la fenêtre prennent sous le jour décroissant une expression de plus en plus grave.

Deux hommes se trouvent dans la vaste salle. L'un marche d'une façon saccadée et fait crier sous son pied éperonné les dalles de marbre noir, l'autre assis ou plutôt étendu, abandonné dans un fauteuil à dossier élevé, semble étranger à la présence de celui qui de temps en temps interrompt sa promenade monotone, et couve d'un regard ardent, implacable, le morne compagnon qu'il a devant les yeux. Les mains de celui-ci reposent sur les bras du siége d'ébène incrusté d'ivoire, son buste s'affaisse sous l'impression d'un découragement sans bornes, ses jambes allongées ne semblent plus avoir la force de le porter. Le front de cet homme est d'une lividité cadavérique, les lèvres frémissent sans prononcer de mots, et la prunelle paraît couverte d'un voile, comme si elle voyait en dedans un spectacle étrange, terrifiant, qu'elle n'essaie pas même de fuir. Cet homme est jeune, il n'a pas trente ans, et cependant une vieillesse précoce a ridé son visage et communiqué à ses membres un tremblement sénile. On dirait un condamné attendant que l'horloge résonne pour lui annoncer l'heure de l'expiation suprême.

Tout à coup, le promeneur s'arrête devant le fauteuil où rêve le visionnaire, le malade, le fou peut-être, et s'avançant de deux pas, il dit d'une voix sombre :

— Il faut en finir, Gaël, la vie que nous menons est intolérable...

Vous avez le domaine de Vaurufier, que ne l'habitez-vous ?

Le jeune homme fit un effort, se souleva sur son fauteuil, crispa ses deux mains sur l'appui de son siége, et répondit avec un accent plein d'ironie :

— Je vous gêne à Coëtquen, n'est-ce pas ? Je vous gêne et je vous effraie... Il vous semble que vous ne pouvez jouir de tous les biens qui sont votre partage, tant que je reste à vos côtés... Je projette une ombre sur votre bonheur... Ce domaine et celui de Combourg sont à peine assez vastes pour cacher vos terreurs... pour égarer vos pas sans but quand vous sortez durant les nuits noires... Vous me voudriez loin, bien loin, mais je reste, Florent, je reste...

Le visage de Florent se fronça en entendant ces mots ; sa voix devint plus âpre, et d'un geste impérieux il sembla intimer un ordre à Gaël.

— Coëtquen est à moi ! dit-il.

— Vous vous trompez, Florent, répartit Gaël, il nous appartient à tous deux.

— Tanguy me l'a légué par testament.

— Vous savez bien que ce n'est pas le testament de Tanguy qui vous en a rendu héritier, mais l'absence de parents plus proches.

— On vous a fait large part en vous abandonnant la baronnie de Vaurufier à laquelle vous attachiez un grand prix.

— Je n'ai point cessé d'estimer Vaurufier à sa valeur ; cette terre me constitue un revenu suffisant, et me donne un titre et un rang dont je me contente ; mais je puis toucher les fermages de Vaurufier, sans habiter ce domaine... Je ne quitterai pas Coëtquen, mon frère...

Florent crispa ses poings avec rage

— Si je le voulais, cependant ?

— Vous n'oseriez l'exiger.

— Je n'oserais, dites-vous ? Ce mot me décide... Vous quitterez ce château, Gaël, vous le quitterez demain... Si le séjour de Vaurufier vous déplaît, la Bretagne est grande et la France plus vaste encore... C'est entendu, je le veux, il le faut !

Gaël se leva et s'appuya chancelant sur le dossier de son fauteuil :

— Je ne peux pas vous obéir, dit-il, je ne peux pas !

La sueur perlait à ses tempes et ses membres tressaillaient nerveusement comme s'il eût été en proie à un accès de fièvre.

Florent venait de reprendre sa marche saccadée. La nuit était devenue plus sombre ; dans le lointain la lune se levait derrière un rideau d'arbres balancés par une brise légère, l'eau des étangs clapotait avec des bruits singulièrement doux ; un chant d'oiseau montait des bosquets, et les rainettes jasaient dans les grands joncs.

Et rien ne semblait plus en désaccord avec la sérénité de cette belle soirée d'automne, que l'attitude hostile de ces deux hommes que Dieu avait créés frères et que leurs passions avaient rendus ennemis.

Pour la seconde fois Florent s'arrêta devant Gaël et lui demanda avec une sorte de crainte :

— Pourquoi dites-vous : « Je ne puis pas partir. »

— Parce que cela est, répondit Gaël avec égarement, il me semble que je ne pourrais respirer en dehors de ce domaine maudit... Ce départ que vous me conseillez, que vous m'imposez, j'ai vingt fois depuis cinq ans tenté de le réaliser... et au moment de quitter ces murailles, de franchir le pont-levis de Coëtquen, j'ai reculé, retenu par une force dont je ne me rends pas compte, et que je subis avec terreur... Cette Tour-Ronde, au fond de laquelle Blanche de Coëtquen est morte dans les affres du désespoir, captive fatalement mes yeux, elle me tient, elle me garde, elle me possède... Je ne puis pas plus la fuir que je ne puis cesser de respirer et de penser... Chaque nuit il me semble entendre des cris d'angoisse sortir du souterrain où par nous cette jeune et belle créature fut enfermée... des sanglots d'innocent parviennent à mon oreille, et me déchirent le cœur... Depuis longtemps j'ai perdu le sommeil, Florent, je ne me souviens même pas d'avoir reposé paisiblement une heure durant cinq années... la pâleur de mon teint, mes paupières rougies attestent assez mes insomnies et mes angoisses... Alors pour tromper les heures interminables de ces veilles, je m'appuie sur la fenêtre et je regarde... je regarde devant moi, sans rien fixer, sans chercher à rien voir, à rien reconnaître... Mais bientôt, à travers les brouillards du matin glisse une femme vêtue d'une robe bleue traînante et berçant sur son sein un enfant mort...

— Taisez-vous, Gaël, dit Florent d'une voix saccadée.

Le jeune homme ne parut pas entendre l'interruption de son frère, et il reprit :

— Cette ombre je la reconnais, c'est celle de Blanche Halgan, la fille du caboteur nantais, Blanche Halgan, marquise de Coëtquen, la femme de notre frère Tanguy...

— Assez ! assez ! répéta Florent.

— Vous me demandez une explication, je vous la donne, vous voulez savoir pourquoi je refuse de quitter Coëtquen, je vous l'apprends, mon frère... Chaque nuit, sans interruption, sans repos ni trêve, cette hallucination me reprend... Je souffre d'inimaginables tortures tandis que j'y suis en proie, et cependant tous les soirs je me penche au balcon, je l'attends, je l'appelle... Elle fait partie de ma vie, elle me prend mon âme pour la torturer, et je la lui apporte, et il me semble que je ne puis me séparer de ce fantôme.

Florent écoutait immobile, le front traversé d'une ride profonde, une main perdue dans sa poitrine et de l'autre tourmentant la poignée d'un couteau de chasse.

— Ce n'est pas tout, poursuivit Gaël qui semblait prendre un étrange plaisir à étaler devant son frère les secrètes misères de son âme et les angoisses de sa vie, souvent, dans le profond silence de minuit, une voix grêle s'élève, et cette voix répète la ballade de la *Dame de Coëtquen*... Je sors de mon appartement, je me précipite dans les escaliers, je fais lever les domestiques, je quitte le château pour courir sur les berges de l'étang... J'interroge l'espace, l'épée à la main, le blasphème aux lèvres, je fouille les taillis, je fauche les tallées de jonc, rien ! rien ! Le lendemain je questionne les gens, ils secouent la tête et me répondent : « — Monsieur le baron a entendu *Mourioche.* » C'est horrible, n'est-ce pas Florent ? Eh bien ! en dépit de ces hallucinations, en dépit de mes terreurs, de mes visions, je reste à Coëtquen, je ne me sépare pas de vous, mon frère...

Florent tressaillit à ce nom comme il l'eut fait en entendant proférer une sauvage menace.

— Et cependant, Gaël, dit-il, avouez-le franchement, vous me haïssez.

L'accent du baron de Vaurufler, qui s'était pour ainsi dire étouffé tandis qu'il dépeignait ses angoisses, reprit sa note stridente.

— Oui, je vous hais, Florent, dit-il, je vous hais de toute la puissance de mon âme..

— Que vous ai-je donc fait ? demanda le maître de Coëtquen, il me semble, dans tout ce qui s'est passé, avoir travaillé pour vous au moins autant que pour moi-même.

— Ce que vous m'avez fait, Florent ? Je me connais et je me juge... Sans m'absoudre, je sais cependant que la plus grande part du crime commis ne doit point retomber sur moi. Je suis né faible, presque craintif, nerveux comme une femme, irritable comme un être maladif... Il m'a suffi longtemps pour vivre dans un coin de ce manoir seigneurial où j'occupais peu de place, de la grande bibliothèque où je trouvais l'aliment de mon intelligence, de la présence et des entretiens du savant abbé Guéthenoc et des études que je poursuivais dans mon laboratoire de chimie... Ma faiblesse physique me permettait rarement de me livrer à de violents exercices, et ma destinée eut été de vivre pour la science comme notre voisin de la Garaye... Par malheur, je vis une jeune fille, et je m'en épris follement ; vous m'arrachâtes l'aveu de cette passion, et loin de me montrer l'impossibilité d'atteindre au but souhaité, vous me le montrâtes tout près, à portée de ma main... A partir de ce jour, Florent, vous devîntes mon tentateur plus encore que mon conseiller, et d'une tendresse pure et chaste comme une source vous réussîtes à faire un torrent bourbeux.

— Mensonge ! dit Florent, vous étiez capable de tout pour devenir le mari de Loïse de Matignon !

— Capable de tout ? moi ! ma main était sans force, mon esprit sans énergie, j'avais des désirs fous, et une volonté nulle ; je pouvais souffrir et pleurer comme un enfant, je restais dans l'impossibilité d'agir comme un homme. La pusillanimité de ma nature étouffait les aspirations de mon cœur. C'est alors que vous avez soufflé en moi la haine contre une créature innocente. En me montrant Loïse de Matignon pour but, vous m'avez associé à vos pensées sinistres, vous m'avez fait partager vos criminels projets... Vous le saviez cependant, Loïse ne pouvait jamais être ma femme ! Mais que vous importait ? Vous aviez bien souci de mon bonheur, vraiment! Vous aviez hâte de vous débarrasser de la femme de Tanguy, de supprimer l'héritier de son nom et de ses domaines, et vous ne pouviez achever seul cette œuvre de damnation. Je luttai contre votre influence, je tentai de me réfugier près de Blanche, d'en faire mon alliée, mon amie ; j'ai reculé devant l'audace de vos conceptions diaboliques, et vous l'avez emporté.. Blanche a été jetée vivante dans sa tombe de pierre, l'enfant y est mort, et comme le témoignage de Simon l'intendant pouvait être dangereux, vous l'avez assassiné au coin d'un bois... Je crois toujours vous voir rentrer un soir d'orage, les habits teints du sang de notre misérable complice. Ce sang, il a rejailli jusqu'à moi... Avec vous j'ai tué Blanche dont

Tanguy n'a pu supporter la perte. Avec vous j'ai tué le légitime héritier de Coëtquen, et tué comme un bandit celui dont les révélations pouvaient nous perdre. Tout cela, je le reconnais, je l'avoue, frémissant de honte et de rage... mais vous avez dominé mon faible cerveau, étreint mon cœur, conduit mon bras, égaré ma raison, perdu mon âme... Et je vous quitterais, maintenant que j'ai spolié un héritage, conduit Tanguy au suicide, causé la mort de Simon, et la disparition inexplicable de Rosette ? Non ! non, Florent, n'y comptez pas ! Je me venge à ma manière du mal que vous m'avez fait en me pervertissant... et si jamais, jamais, entendez-vous bien, vous essayiez d'employer la force pour me chasser de la demeure paternelle, je crierais si haut pour faire ouvrir les oubliettes de la Tour-Ronde que le squelette de Blanche apparaîtrait devant tous.

Florent comprit à l'accent de son frère que le malheureux disait vrai.

— Qui vous parle de cela ? fit-il en haussant les épaules.

— Je sais tout ! je devine tout ! reprit le baron de Vaurufler ; je vous connais assez pour me tenir sur mes gardes... et je le sens, vous vous défiez de moi comme je me défie de vous... Je suis faible, énervé, rendu plus incapable encore de lutter et de me défendre par suite de l'irritabilité nerveuse qui secoue mes membres appauvris... Je ne sortirais pas avec vous le soir, Florent, pour errer sur les rives de la Rance ; je ne gravirais pas les roches surplombant les chemins ravinés, car vous êtes robuste, vous, et j'aurais peur de ces lourdes mains dont je connais l'étreinte...

Florent sourit :

— Croyez-vous donc, Gaë!, demanda-t-il, que j'accepterais de votre main une coupe de vin ou n'importe quel breuvage... vous êtes habile dans l'art de connaître les plantes, et vous distillez merveilleusement les poisons dans votre alambic...

— Être frères et se dire de semblables choses ! s'écria Gaël ; avoir été bercés sur les genoux d'une mère qui était une sainte, et en être venus à ces extrémités épouvantables, voilà le premier de nos châtiments...

Gaël alla s'accouder à la fenêtre.

La lune venait de se cacher derrière de lourds nuages noirs, les étoiles scintillaient à peine, et le souffle qui ridait l'eau n'arrachait pas un soupir aux ramures.

— Écoutez ! écoutez ! dit Gaël, j'entends la ballade de la *Dame de Coëtquen*...

En effet, une voix douce et triste, d'une mélancolie inexprimable, répétait sur les rives de l'étang, en face de la salle dans laquelle se trouvaient les deux frères, cette ballade naïve que Patira avait tant de fois redite pour rassurer et consoler la captive de la Tour-Ronde.

— Quittez cette fenêtre, vous devenez fou, Gaël.

Le comte Florent marcha vers la croisée pour arracher son frère à l'hallucination qui s'emparait de lui ; mais lui-même s'arrêta surpris par ces accents empreints d'une tristesse poignante.

La voix s'élevait lente, désolée ; on eût dit l'appel des misères humaines montant vers le Dieu rémunérateur, la plainte suprême d'une créature à l'agonie...

Florent se sentit lui aussi envahi par la terreur, mais plus fort que Gaël il se roidit contre ses impressions, saisit brusquement le bras de son frère qu'un geste impérieux et brusque fit retomber sur son siége ; puis le comte ferma la croisée, tira le cordon d'une sonnette, et dit rapidement au valet qui vint prendre des ordres :

— Des flambeaux ! qu'on apporte des flambeaux !

1.

Les deux frères gardèrent un silence contraint tandis que Pierre posait sur la cheminée de lourds candélabres chargés de bougies roses.

Dès que les maîtres de Coëtquen se trouvèrent seuls, Florent dit à Gaël :

— Tout va changer ici ; l'isolement seul rend notre vie intolérable... Je voulais Coëtquen afin de le remplir du bruit des fêtes, il n'est pas trop tard pour égayer ces lourdes murailles.

— Ne vous y trompez pas, Florent, loin de nous rechercher, nos voisins nous fuient... les ombres de Blanche et de Tanguy se placent entre nous et les autres... nous effrayons même les enfants, et s'ils l'osaient, les mendiants repousseraient nos rares aumônes... Je ne vous l'apprends point, quand les gens des alentours nous aperçoivent, ils murmurent : « Voilà les loups de Coëtquen qui passent ! »

— Vous exagérez, Gaël.

— Je vois juste ; la société nous repousse de son sein, comme elle faisait jadis des lépreux.

— C'est plutôt nous qui la fuyons.

— Faute d'oser l'affronter, alors.

— Je vous le répète, tout cela changera, j'ouvrirai les portes de Coëtquen, la foule ne manquera pas d'accourir pour assister à mes fêtes...

Florent n'eut pas le temps d'achever cette phrase, la porte de la salle s'ouvrit, et la haute taille de l'abbé Guéthenoc se dessina dans la baie qu'illuminaient les clartés du vestibule.

Gaël se dirigea vers le prêtre avec une sorte d'empressement ; Florent fouilla dans son habit, en retira une bourse renfermant une dizaine de louis, et la tendit a vieillard :

— Vous venez nous parler des misères de vos pauvres, dit-il, distribuez-leur cette somme de ma part.

L'abbé Guéthenoc repoussa doucement la bourse et continua d'avancer. Gaël lui désigna un siège que l'aumônier refusa ; il resta debout au milieu de la grande salle, placé en pleine lumière sous le rayonnement des candélabres d'argent, tandis que Gaël et Florent s'enfonçaient dans l'ombre.

— Vous ne m'attendiez pas, dit-il avec une émotion douloureuse, on n'attend vraiment que ceux que l'on aime, et vous avez cessé de m'aimer. Il semble que le guide de vos jeunes années soit devenu un importun censeur, et peut-être n'aurais-je point franchi ce soir le seuil d'une maison que j'habitai vingt ans, si je n'eusse accepté de remplir près de vous un grave devoir.

Florent resta muet, Gaël s'inclina.

— N'avez-vous point reçu, reprit l'aumônier, la convocation du chevalier de Prémorvan ayant pour but de grouper autour de lui tous les gentilshommes prêts à tenter quelque chose pour le salut de Louis XVI ?

— Je l'ai reçue, répondit Florent ; mais si M. de Prémorvan n'a point daigné suivre nos dernières chasses, pourquoi nous rendrions-nous à son invitation ?

— Les chasses que vous donnez sont un plaisir, comte Florent, et la réunion indiquée par le chevalier renfermait un devoir. Tous les gentilshommes mandés par lui ont répondu à son appel. On voulait s'entretenir de la France menacée, du roi captif, et la noblesse de Bretagne tenait à honneur de prendre une décision à cet égard et d'arrêter un plan de conduite.

— Je ne me mêle point de politique, répondit Florent, je ne m'en mêlerai jamais... Je n'ai rien demandé au Roi, pourquoi exigerait-il de moi quelque chose ?

— Il n'exige rien ! dit l'abbé Guéthenoc d'une voix plus basse, ce sont vos alliés, vos amis, qui vous appellent... Louis XVI et sa famille sont prisonniers au Temple, il est du devoir de tous les grands cœurs de se dévouer pour le sauver... la France est en feu, les massacres s'organisent à Paris et dans les provinces, il est temps de mettre une digue au fléau qui pourrait vous atteindre jusqu'ici.

Le comte haussa les épaules.

— Une jacquerie ! dit-il, soit ! Eh bien ! je vous le déclare, je ne quitterai pas Coëtquen ; si l'on m'y attaque, je me défendrai avec l'aide de mes serviteurs ; je les paie largement, ils doivent m'être dévoués... J'ai déjà entendu parler des folies de l'émigration de Coblentz à la suite des Princes, et des aventuriers qui courent vers Paris où les attendent la proscription et la mort... N'ayant point sollicité de faveurs, je ne dois point de services.

L'abbé Guéthenoc sans répondre se dirigea vers une petite bibliothèque, y prit un livre qu'il savait sans nul doute trouver à la même place, puis il dit aux jeunes gens :

— Je fus votre maître pendant vingt ans, et cette fois encore je veux user de ce privilége en vous rappelant une leçon d'histoire. Si vous avez oublié ce que furent les Coëtquen, laissez-moi vous en faire souvenir. Vos aïeux, dont le manoir est la maison seigneuriale de Saint-Hélen, furent autrefois de puissants seigneurs. Le premier de vos ancêtres qui prit le nom de Coëtquen, s'appelait Raoul, fils de Rivallon, frère de Godefroy, comte de Dinan. Au douzième siècle, les Coëtquen tenaient un rang distingué parmi la noblesse de Bretagne. Ils se battaient si bien qu'ils eurent plus d'une fois l'honneur d'être pris en qualité d'otages à côté de leurs ducs, comme Jean Coëtquen, l'infortuné compagnon du pieux Charles de Blois. Avez-vous oublié que son fils Raoul fut gouverneur de Redon et de ce château de Léhon dont les tours dominent le clocher de l'Abbaye ? En 1408 un Coëtquen tenait haut sa bannière de banneret aux États de Vannes. Jean fut grand maistre de Bretagne, et c'est pour récompenser ses services que Henri III érigea sa terre en marquisat en 1575. Vous devez à son mariage avec Philippe d'Acigné le comté de Combourg tombé dans votre famille. Vos aïeux se sont alliés aux Malestroit, aux Rohan, aux Orléans ; ils ont marché toujours et partout à la suite de leur prince, payant de leur personne, versant leur sang et trouvant les joies de l'honneur dans les mâles exigences du sacrifice. Voulez-vous déchoir de cette race de preux en refusant de remplir un devoir ? Florent, Gaël, mes élèves, mes fils, vous m'avez mal entendu, mal compris : le trône est renversé, les Princes sont en exil, la Reine prisonnière, le Dauphin menacé... toute la noblesse bretonne se lève et vous crie de la rejoindre, resterez-vous sourds à ce suprême appel ?

— On nous a surnommés les loups de Coëtquen, répondit Florent, les loups resteront dans leur tanière.

— Non ! non ! c'est impossible ! dit l'abbé Guéthenoc, ce ne sont pas les enfants à qui j'ai enseigné l'amour du pays, le respect du trône, l'honneur de la race, qui me répondent de la sorte...

Votre esprit est troublé, Florent, vous devez souffrir, Gaël ! Parlez, que puis-je faire pour vous ?... Oh ! je le sais, vous avez cessé d'aimer le vieux prêtre qui vous dévoua sa vie, vous avez pu le voir s'éloigner de Coëtquen sans regret, tandis que des larmes montaient à ses paupières... Mais je vous pardonne l'oubli, l'ingratitude, la cruauté... Je ne veux me compter pour rien, quand il s'agit de vous et de ce vieil honneur des Coëtquen que je regarde presque comme le mien propre !

— Ne prenez point tant de souci, Monsieur l'abbé, répliqua Florent d'une voix âpre ; nous ne sommes pas des enfants à qui l'on fait peur de la férule, et si le respect que l'on doit à vos cheveux blancs ne m'avait retenu, croyez que je n'eusse point paisiblement entendu de semblables reproches. Gaël et moi, nous avons âge d'hommes, et vouloir d'hommes aussi, je le jure !

— Mais je plaide contre vous la cause de votre réputation.

— Voulez-vous dire qu'elle soit entachée ?

— Je vous conseille au moins d'en prendre plus de souci.

— Vous nous avez enseigné un peu de latin que nous nous sommes hâtés d'oublier, l'abbé, beaucoup d'histoire dont nous avons retenu une partie, et des prières que nos lèvres ne disent plus... Notre digne père vous laissa pour ces services une pension qui vous est, je crois, régulièrement payée, que voulez-vous de plus ?

— Ingrats ! ils sont ingrats ! murmura l'abbé.

— Avons-nous demandé vos leçons ?

— On a toujours besoin de celles d'un vieillard.

— Les vieillards radotent, dit Florent avec un mauvais rire.

— Et celui que vous insultez est un prêtre.

— Peut-être abuse-t-il de cette qualité pour nous fatiguer de sa morale.

L'abbé Guéthenoc quitta l'appui de la cheminée. Il était sévère, très-pâle, et des larmes brillaient au bord de ses cils.

— Adieu ! dit-il, pour jamais adieu ! Votre cruelle raillerie vient me frapper à une heure mauvaise...Encore quelques semaines, au plus quelques mois, et ces prêtres dont vous repoussez l'affection, dont vous méprisez les conseils, seront chassés de leurs églises, traqués sur les grands chemins, assassinés au pied de l'autel qu'ils auront refusé de profaner...On a mis sur le Roi une main criminelle, la nation ne s'arrêtera qu'après avoir entassé crime sur crime, sacrilége sur sacrilége... Les églises seront pillées, l'enceinte des couvents violée.

— On ouvrira les portes des monastères, s'écria Gaël dont un terrible espoir anima le pâle visage, eh bien !...

Gaël n'acheva pas et releva le visage d'un air de défi.

— Dieu vous pardonne cette coupable pensée, vicomte Gaël, au nom de votre mère qui fut une sainte, au nom de Blanche de Coëtquen qui fut un ange !

Et l'abbé Guéthenoc, le front courbé par la douleur, franchit le seuil de la salle, regarda une dernière fois les deux frères debout dans une farouche attitude, puis il laissa tomber les portières et s'éloigna d'un pas égal et mesuré.

Quand il eut dépassé le pont-levis, il se retourna vers le manoir sombre, puis il secoua par trois fois la poussière de ses pieds, et disparut dans le chemin creux.

II

LE FIGNOLEUR

La maison est basse, couverte en ardoises bleues miroitant au soleil d'une belle matinée d'octobre. Quatre grands ormes projettent leur ombrage sur un espace carré moins encombré que garni à droite et à gauche par des roues de charrettes, des moyeux de voitures, des socs de charrues. On dirait que le labeur est endormi dans ce coin paisible. Mais en face, la salle grande ouverte s'éclaire des feux de la forge, deux hommes robustes s'agitent comme de grandes ombres sur le fond rouge et flamboyant, tandis que de temps à autre une jeune femme portant un enfant sur les bras parle à l'un des compagnons, ou distribue des baisers à deux chérubins blonds qui se roulent sous les grands ormes en compagnie d'un chien fauve. La gaîté, la joie règnent sur tous ces honnêtes visages, et le beau paysage encadrant la maisonnette l'enveloppe de calme et de fraîcheur. La Rance coule à deux pas ; la grosse horloge, chargée de régler les heures des moines, donne chez l'ouvrier le signal de la prière, du repas et du travail. Quelque chose de la sainteté du monastère paraît se refléter sur la demeure où règne la paisible activité d'une ruche d'abeilles.

Les chalands sont nombreux et une gigantesque figure de saint Éloi martelant le fer d'un bras robuste semble indiquer d'avance que le travail sera fait en conscience et vaudra le double du prix exigé.

Les *Forges de Saint-Éloi* en complète activité depuis deux années ne se sont point fondées sans peine, la concurrence qu'elles ne pouvaient manquer d'établir avec la forge de Jean l'Enclume présageait une lutte difficile, et qui pouvait devenir dangereuse. En effet, Jean s'était accoutumé à l'idée que les forges de Léhon formeraient un monopole lui appartenant en propre, et quand on vint lui apprendre que Servan, pauvre compagnon errant de village en village, avait l'intention de se fixer dans le voisinage, Jean l'Enclume leva ses poings énormes et les laissa retomber, comme s'il voulait exprimer par cette pantomime qu'il pulvériserait l'imprudent assez audacieux pour lui opposer une rivalité.

Lors d'une réunion tenue au cabaret de Corentin, la Fumade, Trécor le Borgne et Kadoc l'Encorné jurèrent par tous les pichets de cidre qu'ils venaient de boire, d'assassiner l'intrigant placé sous la protection immédiate du père Athanase.

Mais Servan, le nouveau forgeron, ne sembla nullement se mettre en peine des menaces de Jean l'Enclume ; il continua son installation intérieure, attira la clientèle par la modicité de ses prix et la franchise de son accueil, et ne tarda pas à voir affluer dans sa forge tous les paysans paisibles et les ouvriers plus curieux de travail que de scènes tapageuses.

Jean l'Enclume, désespérant de rencontrer son rival chez Corentin, l'attendit à la sortie de la chapelle de l'abbaye, et le provoqua dans les règles, mais le jeune travailleur se contenta de répondre au colossal forgeron :

— Ma famille a besoin de moi, et je garde mes bras pour ma tâche, ne me reconnaissant pas le droit de risquer mon existence lorsque quatre innocents comptent sur ce labeur pour y trouver le soutien de leur vie. Je croyais que vous aussi, l'Enclume, vous aviez une femme et des enfants !

Jean serra ses poings et lança une grossière insulte à la tête de l'ouvrier.

— Oh ! des injures ne sont pas des raisons, fit observer celui-ci ; rien ne me décidera à me mesurer avec vous.

— Parce que tu es lâche.

— Le plus lâche des deux est celui qui, loin de nourrir sa famille, la laisse mendier le long des chemins.

Jean l'Enclume bondit sous le reproche, et courut à Servan comme un taureau furieux ; Servan parut d'abord l'attendre, mais à l'instant précis où Jean l'Enclume devait l'atteindre, Servan se jeta de côté, et l'élan du forgeron le lança contre un tronc d'arbre. Sa tête porta en avant, des étincelles remplirent ses yeux troublés, il étouffa un blasphème, mais honteux de cette défaite il ne réitéra pas son agression. Il promit seulement à Servan de lui faire payer cher sa concurrence et sa victoire.

Il fut difficile à Jean l'Enclume de mettre ses menaces à exécution. Servan restait le soir chez lui, ne fréquentait point les cabarets, et passait rarement, même en plein jour, devant la salle souterraine où Kadoc et Trécor soufflaient la fournaise en chantant quelque refrain sentant plus encore le sang tiède que la boue fétide.

Il apercevait parfois dans le courtil en fleurs Claudie de plus en plus pâle, rapprochant de son cœur blessé Gwen, Françoise et Noll ; il la saluait d'un amical bonjour auquel se mêlait le respect ; cette femme lui semblait réellement digne et sainte dans sa patience et son courage.

Quand il revenait chez lui, le sourire de Mathée lui paraissait plus doux, le rire des enfants plus sonore, après avoir vu la morne tristesse de Claudie et la maladive pâleur de ses trois petits anges.

La maison des *Forges de Saint-Éloi* ne se compose pas seulement de la salle remplie par la fournaise, le soufflet, l'établi, les enclumes ; à gauche se trouve une porte de chêne garnie de ferrures ouvragées, et dans laquelle Servan pénètre rarement.

L'intérieur de cette pièce est plutôt la chambre d'un artiste que celle d'un ouvrier. Les outils eux-mêmes y affectent une élégance coquette ; les murailles sont décorées de dessins largement tracés représentant des balcons fleuronnés, des grilles de chœur se terminant en bouquets de lis comme celles de Saint-Sernin, des chaires en fer forgé semblables à celle de Josselin, une des merveilles de la Bretagne. Puis des bras supportant des lanternes merveilleuses comme on en voyait jadis accrochées aux palais de Venise, des dômes de fer rappelant le fameux puits de Quintin Metsys, et des braseros commandés en Espagne. Au fond de la pièce, sur une crédence arrangée avec goût, se mêlaient des landiers représentant une chimère pleine de fantaisie, des chandeliers ciselés comme des bijoux, et des coffrets de fer d'une inimitable grâce. Dans ces objets divers, le fini du travail faisait oublier la matière, et les travaux réunis dans cette pièce n'eussent point déparé les crédences et les murailles d'un palais.

A côté de la fenêtre dont le rideau bleu se relevait sur une patère chantournée, un adolescent, à l'expression rêveuse et douce, feuilletait un gros livre traitant de « *l'Art des forgerons et batteurs de fer au moyen âge.* »

De curieuses planches s'étalaient à côté du lourd volume, et de temps à autre le jeune homme, levant son regard des feuillets du livre aux étagères de son cabinet, soupirait à la façon d'un artiste qui rêve son chef-d'œuvre sans être encore parvenu à le réaliser.

Il n'avait cependant dans son maintien ni dans son visage, rien qui trahît les ambitions hautaines ou les désillusions amères ; une sérénité douce faisait le plus grand charme de sa physionomie ; la patience et la bonté devaient former le fond de cette nature aimante et dévouée. Son désir ardent de parvenir avait même, sans nul doute, sa source dans un sentiment profond dont son cœur gardait le secret.

Tout à coup il ferma le volume, rangea les gravures sur bois, prit du papier, un crayon et commença le dessin d'une clef dont l'anneau formé d'une salamandre était un véritable bijou. Quand il s'agit de la partie inférieure de la clef, l'adolescent éprouva quelques difficultés ; il voulait trouver de l'imprévu, du nouveau, unir la solidité à la grâce, et mêler si complétement le chiffre prenant de la clef, que nulle autre ne pût jamais entrer dans la serrure qu'il combinerait ensuite.

Il chercha longtemps, puis il poussa un cri de joie :

— Allons ! dit-il, le père Athanase sera content.

Le jeune homme serra son dessin dans sa veste, prit son chapeau et quitta le cabinet de travail.

Au moment où il traversait l'atelier, Servan lui dit :

— Maître Patira, j'attends vos ordres.

— Servan, ne m'appelez pas « maître », répondit doucement le jeune homme, ne suis-je point ouvrier comme vous ?

— Non pas ! fit le forgeron, et la preuve, c'est que les gens du pays vous nomment trétous le *Fignoleur*. Moi et mon compagnon nous avons de rudes poings et des muscles solides, mais nos doigts sont lourds pour la fine besogne. Nous martelons, nous trempons le fer, et vous le ciselez... Aussi voyez quels sont le nombre et la qualité de votre clientèle.... Tous les seigneurs des environs vous donnent leur pratique; l'abbaye de Saint-Aubin se fournit ici ; les moines du Guildo ne feraient pas forger une clef ailleurs, et ceux mêmes de Saint-Jacut vous honorent de leur préférence. Je ne parle pas des pères de l'abbaye de Léhon qui vous aiment comme un novice et vous choient comme un enfant ! Et quand je songe, maître Patira, qu'un jour, traînant ma femme malade et mes petits enfants dans une charrette, je me suis arrêté devant l'atelier de Jean l'Enclume pour lui demander de l'ouvrage.... Bonté du ciel! quel bonheur qu'il ne m'en ait pas donné ! Je me serais mangé le sang dans cette maison où Claudie est battue et les enfants affamés, où Trécor et Kadoc évoquent le diable ! Tenez, chaque fois que je passe devant cette forge cachée sous les roches comme une caverne de faux-monnoyeur, je remercie Dieu de m'en avoir éloigné, non qu'elle soit vide de clients, la maison de Jean l'Enclume, au contraire, elle en regorge... Mais quelles figures de bandits, quelles mines effrayantes on aperçoit à la lueur de la fournaise. Parfois on y bat le fer, plus souvent on y vide des pots ; et quand la porte de la boutique est fermée durant la nuit, c'est encore plus épouvantable, car on y tient des discours que Satan ne désapprouverait pas ! Ah ! si jamais Jean l'Enclume vous avait entre ses mains comme jadis....

Le regard de Patira rayonna doucement.

— Servan, répartit-il, l'Enclume m'a gardé chez lui pendant plusieurs années, petit, faible, craintif, il ne m'a point tué... pourquoi le ferait-il aujourd'hui que je vais compter mes dix-huit ans... Je ne suis guère robuste de corps, c'est vrai, mais l'esprit s'est aiguisé, l'âme s'est affermie, et à cette heure j'aurais moins peur que jamais du lourd marteau de Jean le Colosse !

— Qui vous donne un pareil courage ?

— Ma conscience d'abord, puis la certitude d'avoir à remplir une grande mission.

En ce moment une voix cassée se fit entendre sur le seuil :

— Dieu te bénisse en ce monde et en l'autre, mon fieu ! Tu as raison.... le Seigneur t'a préservé d'abord pour la consolation d'une sainte, il te réserve pour le salut d'un innocent !

— C'est vous, mère Jeanne ! c'est vous ! répondit Patira d'une voix joyeuse.

— Je viens chercher du pain et une écuellée de lait, mon enfant.... Mes pauvres doigts brûlés ne tournent plus le fuseau, c'est aux chrétiens charitables de me venir en aide.

— Chère Jeanne ! je ne vous paierai jamais ce que vous m'avez donné.... Et tenez, quand je vous vois refuser obstinément de vous installer ici et d'y vivre comme une aïeule, vous réchauffant au soleil, et berçant les petits de Servan, il me vient en idée que vous ne m'aimez point autant que vous le dites.... La maison est chaude et douce, allez ! Nous gagnons assez d'argent pour être utile à nos amis, et vous savez, mère Jeanne, si mon cœur a cessé de vous chérir...

En reconnaissant le son de voix cassée de la Fileuse, Mathée Servan était accourue et les enfants, abandonnant le grand chien avec lequel ils se roulaient sous les ormes, s'empressèrent autour de la pauvresse, lui tendant l'un ses pommes, l'autre ses noix, le dernier un bouquet odorant. Jeanne eut presque un sourire en regardant ces fronts purs, ces joues roses, ces regards candides. Elle prit des mains de Mathée la tasse de lait et le chanteau de pain qu'elle émietta, car la vieille femme n'avait plus de dents, puis après s'être dévotement signée, elle commença son frugal repas.

Depuis cinq ans elle s'était bien courbée, son dos formait un arc, et quand Jeanne voulait regarder quelqu'un, elle était obligée de s'appuyer fortement sur un bâton de cormier et de redresser sa maigre échine. Ses cheveux tout blancs dépassaient son béguin de toile rousse ; son cou sillonné de rides semblables à des cordes sortait d'un mouchoir de cotonnade déteinte. Sa jupe s'effiloquait, déchiquetée par les ajoncs et les ronces. A sa ceinture pendait un chapelet grossier, dont ses doigts noués, recroquevillés, parcouraient les grains dans les chemins creux. Elle ne semblait point une mendiante ordinaire ; son front hâve gardait quelque chose d'inspiré, de sibyllien, et ses yeux dardaient parfois des flammes sombres.

Depuis le jour où liée sur la table de sa cabane à laquelle Jean l'Enclume avait mis le feu, elle s'était vue environnée de flammes, quelques gens du pays affirmaient qu'elle avait un peu perdu la raison. A vrai dire, le langage de Jeanne n'était plus le même. Elle avait bien souvent employé, même durant sa jeunesse, un langage bizarre, mais on pensait qu'elle agissait de la sorte pour donner plus d'autorité à ses conseils quand elle ordonnait des remèdes ou imaginait des formules d'oraisons. D'ailleurs, à cette époque, rien d'amer ne se trahissait dans les paroles de la Fileuse ; la rebouteuse faisait son métier, rien de plus ; mais depuis l'incendie, l'accent de Jeanne était devenu mystérieux, ses paroles ambiguës ; elle trouvait en passant devant certaines gens des malédictions et des menaces. On l'avait vue étendre le poing en rôdant autour de certains domaines. Avait-elle donc une haine à assouvir, ou, voyante inconsciente, parlait-elle au hasard de son inspiration ? Elle surprenait jadis, maintenant elle effrayait. Dans la seule maison de Patira elle s'asseyait tranquillement sur le banc de la cheminée ; mais d'ordinaire elle s'arrêtait sur le seuil des fermes, son chapelet à la main. Si, après qu'elle avait récité dix *Avo*, on ne lui apportait point une aumône, elle s'éloignait sans parler, et le bruit mourant de sa prière se perdait dans le sentier isolé. Souvent on l'accueillait bien. Parfois en échange d'une galette de sarrazin elle donnait un conseil utile. Les vieilles gens l'estimaient, sachant qu'elle n'avait jamais commis de mal dans la paroisse de Saint-Hélen, mais les jeunes gens s'enfuyaient à son approche, comme si elle eût été capable de leur jeter un sort.

Jeanne la Fileuse ne semblait pas outragée par les terreurs qu'elle inspirait, ni affligée de sa solitude ; elle se suffisait à elle-même ; ses visions la réconfortaient ; elle entendait au fond de son âme des voix qui lui apportaient sinon la consolation, du moins l'énergie. Elle vivait de souvenirs, évoquant dans le passé des êtres chers, et voyant se dérouler sa longue existence, comme le tisserand étend sur le pré sa pièce de toile neuve.

Depuis de longues, bien longues années, Jeanne la Fileuse vivait dans la solitude des landes, manipulant ses remèdes, chantant de vieux poëmes gaëls et gardant son petit troupeau de chèvres en filant son éternelle quenouille. Les chèvres étaient mortes, Jeanne ne filait plus, elle mendiait, mais à la façon des mendiants de Bretagne qui commencent par prier pour vous et acceptent pour ainsi dire votre aumône comme le généreux échange des grâces du ciel avec les biens de la terre.

Près de Patira, de Servan, de Mathée, Jeanne se départait de sa rigidité glaciale.

Avait-elle pénétré le grand secret de l'Enfant-Bleu ?

Se regardait-elle comme liée au mystère de la Tour-Ronde ?

Faisait-elle de la destinée du souffre-douleurs de Jean l'Enclume une part de sa propre destinée, toujours est-il qu'elle lui gardait une affection vivace et tendre, et ne passait guère une semaine sans s'arrêter sous les grands ormes des *Forges de Saint-Éloi.*

Ce jour-là, elle se courba davantage pour embrasser les enfants de Mathée, puis se tournant vers Patira, elle lui dit d'une voix creuse :

— Le temps arrive... le ciel est tout noir de corbeaux, et ces corbeaux ont le bec rouge, les serres sanglantes... Nous traverserons le feu allumé par les hommes, et nous glisserons dans des flaques rouges... Je vois passer devant mes prunelles affaiblies des tableaux de batailles, et j'aperçois des amas de cadavres couvrant les grandes landes... Je reconnais tous ces morts, je les reconnais, Patira, je pourrais les nommer...

— Ne songez point à ces choses troublantes, Jeanne, ma vieille Jeanne, répondit le jeune homme, ne quittez pas cette maison où le pain et le coucher vous attendent... Cette vie errante est dure et mauvaise à votre âge.

— Je ne suis pas libre, reprit la Fileuse, non je ne suis pas libre d'accepter ce que tu m'offres... J'endormirais mon esprit dans la douceur de la vie, et je dois errer comme une âme en peine, priant dans les cimetières, faisant à genoux le tour des églises, passant devant certaines demeures pour en éloigner le danger, et l'appelant sur d'autres à travers la tempête... L'heure arrive, je l'ai dit, l'heure arrive...

Jeanne frappa le sol de son bâton durci au feu, comme si elle voulait davantage accentuer ses paroles, puis elle regarda Patira longuement, et sortit en reprenant de ses doigts noués le chapelet pendu à sa ceinture.

Patira la suivit du regard en murmurant :

— Pauvre femme !

Puis s'adressant à Servan, comme s'il avait hâte de secouer l'impression produite par les énigmatiques paroles de la pauvresse, le Fignoleur ajouta en prenant son rouleau de papiers :

— Je vais à l'abbaye.

Le chemin qui conduisait au monastère de Léhon était planté de peupliers se balançant en rideau vert au-dessus de la Rance. De hautes fleurs d'eau, des roseaux à grandes aigrettes mobiles, ajoutaient à la grâce du paysage. Les bois et les champs descendaient sur la rive du petit fleuve qui allait s'élargissant jusqu'à la haute mer.

Le cœur de Patira était en fête ; les sinistres paroles de la vieille Jeanne n'avaient pu détruire la sérénité de sa pensée ; d'ailleurs, l'adolescent l'eut-il senti secrètement troublée, l'assurance d'être dans quelques instants au milieu des moines de Léhon et de se promener dans les grands cloîtres de sa chère abbaye aurait suffi pour la rasséréner.

Depuis le jour où Patira avait remis Hervé entre les mains du père Athanase, le vieillard et le souffre-douleurs de Jean l'Enclume s'étaient pris l'un pour l'autre d'une profonde tendresse. L'abbé de Léhon devinait un grand et modeste héroïsme dans la conduite de Patira, et celui-ci comprenait que son refuge ne pouvait désormais être ailleurs qu'entre ces murailles bénies.

L'apprenti avait demandé à revenir tous les jours, il se montra avide de profiter de cette faveur. Mais bientôt il s'aperçut que de nouvelles aspirations se faisaient jour dans son esprit ; il rougit de son ignorance, résolut d'en triompher, et demanda des leçons. Il apprit avec une facilité rare. Doué de mémoire il retenait à la fois l'idée et la forme ; il sut le dessin presque avant qu'on le lui enseignât. Mais en même temps, soit vocation réelle, soit habitude, il déclara qu'il ne voulait point exercer d'autre métier que celui de batteur de fer, et toutes ses études artistiques eurent pour but l'histoire et les progrès de l'art des forgerons qui s'éleva si souvent jusqu'à celui des ciseleurs, des émailleurs et des orfèvres.

Le père Athanase plaça Patira sous la direction de frère Malo, et l'enfant fit bientôt de si rapides progrès qu'il fallut s'occuper sérieusement de son avenir. Pendant deux ans il étudia, martela dans un coin perdu de l'immense maison, mais un jour le prieur s'entendit avec un forgeron nouveau, les *Forges de Saint-Éloi* s'installèrent sur les bords de la Rance, et Patira se trouva un matin maître et propriétaire d'un établissement qui ne demandait qu'à prospérer.

Le pauvre garçon, partagé entre l'attendrissement et la joie, pleurait de quitter les moines qui avaient adopté sa misère; mais, d'un autre côté, la pensée de travailler chez lui, comme un homme, de devenir un artiste forgeron intelligent et habile, lui causait un naïf orgueil. S'il ne se fût pas cru obligé de protéger un jour Hervé contre des dangers vaguement pressentis, Patira eut borné son envie à revêtir la robe de bure des frères convers; mais il pensait être appelé à remplir de sérieux devoirs. Chaque fois qu'il regardait les hautes tours de Coëtquen, il se rappelait le supplice de la marquise Blanche, et jurait qu'un jour Hervé connaîtrait le secret de sa destinée, afin de faire justice des assassins et des traîtres.

Cependant, en acceptant de régner sur les *Forges de Saint-Éloi*, Patira stipula que chaque jour il viendrait passer une heure près de l'enfant que la Providence lui avait confié.

Dans l'atmosphère bénie du couvent, Hervé croissait à la façon des lis. C'était un enfant blond, élancé, très-grand pour son âge; son front était pur, ses yeux humides, ses lèvres un peu graves. Quelque chose des tristesses suprêmes de sa mère semblait demeurer en lui. Quand l'enfant se trouvait seul dans le grand jardin, son front se penchait, ses mains cessaient de mêler les fleurs, il restait immobile et il songeait, l'œil perdu....

Mais un oiseau venait-il à chanter, un vieux moine en cheveux blancs apparaissait-il au détour d'une allée, le sourire revenait sur les lèvres de l'ange et il tendait les bras vers le vieillard, ou tentait d'imiter le chant de l'oiseau.

Si bon que chacun se montrât pour lui, Hervé gardait cependant des préférences. L'âge le rapprochait de Patira, le compagnon de ses premiers jeux. Il éprouvait pour lui une tendressse caressante et chaude. Les moines lui ayant raconté que Patira l'avait apporté dans l'abbaye pour l'arracher à un grand danger, Hervé ne l'oublia jamais, et souvent il répétait à l'adolescent :

— Sans toi je serais mort... sois tranquille, je t'aime.

— Plus que tout au monde ?

— Si tu voudrais encore une fois me prendre dans tes bras et me mener loin, bien loin, au bout du monde, j'irais.... Oh ! je n'aurais pas peur.... mais je pleurerais....

— Je comprends.... dit Patira, tu regretterais le père Athanase.

— Il est bien bon, murmura l'enfant ; l'autre jour encore il m'a fait don d'une crèche avec des moutons, des bergers, et un bel enfant Jésus... et cependant ce n'est pas le père Athanase que je pleurerais davantage.

— Qui donc ? demanda Patira en écartant les cheveux blonds de l'enfant.

— Frère Antoine.... répondit Hervé.

— Frère Antoine, répliqua l'adolescent, ce moine dont le capuchon couvre toujours le visage, et qui semble avoir oublié les paroles de ce monde.... Ceci me paraît fort étrange, mon chérubin, frère Malo te chante de belles antiennes, père Tivulce dessine pour toi des animaux fantastiques ; père Jacques te raconte des légendes.... mais frère Antoine....

— C'est que vois-tu, Patira....

— Apprends-moi pour quelle raison tu préfères ce moine à ses compagnons....

— Les autres trouvent que je les amuse, répondit Hervé, et frère Antoine dit que je le console....

Patira serra l'enfant sur sa poitrine.

— Cher ange, dit-il, ta mère t'a légué son âme.

A partir de cette heure, Patira, que semblait effrayer la rigidité de frère Antoine, se rapprocha du moine silencieux. Hervé l'aimait, donc il était bon, et Patira devait également le chérir. Il trouva d'ailleurs que l'accent grave et doux de frère Antoine prenait vite le chemin du cœur, et comme il savait le rencontrer souvent dans les jardins, il ne manquait jamais de les traverser. Parfois il apercevait le moine enseveli sous sa grande robe, tenant sur ses genoux Hervé endormi, et rien n'était plus touchant que le mouvement tendre et protecteur avec lequel le religieux rapprochait de sa poitrine le petit ange souriant à ses frères du paradis.

Un jour le moine interrogea Patira sur son enfance. Le pauvre enfant volé, torturé par les bohémiens, puis par Jean l'Enclume, raconta les diverses phases de douleurs par lesquelles il avait passé. Sans s'apitoyer sur lui-même, sans chercher à se grandir par les souffrances subies, il toucha profondément le pieux ami d'Hervé.

— Je ne me rappelle pas avoir souri, dit Patira, avant le jour où j'aperçus la dame de Coëtquen.... la marquise Blanche me regarda avec une douceur qui me réchauffa l'âme.... Je la vois encore, je la vois toujours, habillée de bleu, ses cheveux blonds flottant sur son dos.... elle me parla et il me sembla que toute ma vie changeait.

— Mon Dieu ! murmura le moine.

Patira ajouta :

— Ensuite elle me donna un souvenir....

— Un souvenir ? répéta frère Antoine d'une voix troublée.

— Et depuis ce jour je ne l'ai jamais quitté.

— Montre-le moi ! montre-le moi ! reprit le moine avec agitation.

Patira ouvrit sa veste et tira d'un sachet de toile suspendu à son cou les deux écus de six francs qu'il tenait de la marquise.

Le moine les saisit d'une main tremblante, les approcha bien près de son visage, et il parut à Patira que frère Antoine les portait à ses lèvres.

Au moment où l'adolescent replaçait les deux écus dans leur sachet, les yeux du frère tombèrent sur un crucifix d'argent également caché sous les habits du jeune forgeron.

— Et ce crucifix ? demanda-t-il.

— Oh ! ceci est l'héritage d'Hervé, répondit Patira d'un accent profondément ému ; nul n'y touche ! j'ai fait un serment.

Patira boutonna sa veste, et au même moment Hervé ouvrant les yeux jeta ses bras autour du cou de frère Antoine :

— Tu pleures, dit-il, tu pleures !

Les purs baisers de l'enfant essuyèrent les grosses larmes qui roulaient sur les joues du religieux.

— Emmène Hervé, dit le moine d'une voix étranglée ; emmène-le, Patira, il ne faut point attrister les enfants !

— Je ne veux pas te quitter, dit Hervé, je t'aime....

Mais sans doute l'émotion qu'il venait de ressentir était trop violente, car frère Antoine remit précipitamment Hervé dans les bras de Patira, et s'enfuit à travers le jardin.

— Et moi aussi, je l'aime, murmura l'apprenti de Jean l'Enclume, car il souffre....

Mais si souvent qu'il rencontrât frère Antoine, Patira n'en vit pas davantage son visage enseveli dans l'ombre du capuchon de bure. Il ne chercha point à comprendre ce mystère plein de tristesse, il lui suffit de deviner qu'un grand désespoir avait jeté dans le cloître cet homme dont la taille paraissait robuste et dont la voix conservait les inflexions sonores de la jeunesse.

Le jour où Jeanne la Fileuse avait par sa présence ravivé de terribles souvenirs, Patira arriva à Léhon avant la fin de l'office. En attendant le père Athanase, il courut au jardin, et y trouva Hervé jouant avec trois chevreaux blancs. En l'apercevant, l'enfant courut à lui :

— Tu ne sais pas, dit-il, j'ai envie d'une chose, oh! mais bien envie....

— Demande-la au père Athanase.

— C'est qu'il faut aussi ton consentement.

— Je te le donne d'avance.

— Merci, Patira, merci !

— Puis-je savoir, maintenant....

— Vois-tu, dit Hervé, le jardin est grand, très-grand, mais je le connais ; je pourrais te nommer tous les arbres, toutes les touffes de fleurs... j'ai fait le tour de l'enclos ; j'ai cueilli des fruits à tous les arbres du verger, et je voudrais aller loin, plus loin.... Les murailles empêchent de voir...

— Tu voudrais franchir les murailles....

— Avec toi... Tu me conduirais dans la forêt de bouleaux blancs dont tu parlais un soir au père Athanase; tu me montrerais le grand château de Coëtquen avec ses tours sombres et ses grands étangs.... Les belles choses que tu me ferais voir, Patira, et combien je serais heureux....

Le front de l'apprenti s'était voilé d'un nuage :

— Pourquoi sortir d'ici ? lui demanda-t-il, nulle part ailleurs tu ne seras heureux....

Il ajouta plus bas :

— Nulle part ailleurs tu ne seras en sûreté

— C'est promis ! promis ! promis ! répéta Hervé bondissant autour de Patira avec les trois chevreaux blancs.

— Qu'est-ce qui est promis ? demanda subitement une voix grave.

Le père Athanase venait rejoindre les enfants.

— Hervé souhaite faire une promenade en dehors de l'abbaye, mon père, répondit l'apprenti, et je ne sais pourquoi cette idée m'effrayait.

— Elle est cependant très-naturelle, Patira.... L'Enfant-Bleu, comme nous l'appelons souvent, est de la famille des oiseaux qui de bonne heure ouvrent leurs ailes.... Montre-lui un coin du monde entourant Léhon.... Hervé n'a-t-il pas cinq ans....

— Je savais bien que vous consentiriez, dit Hervé, et prenant la main de l'abbé sur laquelle il colla sa joue....

— Oui, je le permets, cependant, Hervé, tu veux bien que Patira s'occupe d'une chose grave avant de songer à tes plaisirs.

— Je veux bien, dit l'enfant avec une condescendance souriante.

— Alors, viens, Patira, dit l'abbé de Léhon.

Le vieux moine entraîna l'adolescent sans parler, mais arrivé devant une petite porte masquée, il s'arrêta, et dit à Patira en le regardant bien en face :

— Songe que je vais te traiter en homme, et qu'il faudra mourir plutôt que de trahir le secret que tu vas apprendre.

— Je le sais, répondit simplement Patira.

III

LES SOUTERRAINS DE LÉHON

Plusieurs siècles avant les événements que nous racontons, quand Noménoë eut jeté son épée dans la balance servant à peser le tribut d'or et d'argent que les Bretons payaient aux Francs ; quand il eut conquis un territoire égalant un royaume, il comprit que son autorité serait de faible durée, s'il ne l'étayait sur la foi, et que la couronne tiendrait mal sur sa tête chevelue s'il ne la faisait oindre du chrême du sacre. Les rois de France avaient la cathédrale de Reims, Noménoë rêva l'église métropolitaine de Dol. Puis désireux de rallier à lui l'universalité du clergé breton, dont une partie tenait pour Tours et son archevêque, Noménoë résolut de couvrir d'abbayes et d'églises magnifiques le royaume dont Dieu et son épée l'avaient rendu maître.

Une foi sincère exaltait cette âme ardente et généreuse ; la politique ne mêla en rien ses prudentes questions à ce qu'entreprit le nouveau monarque. Le Seigneur avait béni le glaive de Noménoë dont le zèle pour l'Église ne se ralentit jamais, et ce prince fit germer autour de lui les grands cloîtres de granit que sculptaient les rudes piqueurs de pierre de son temps.

Noménoë était passionné pour la chasse ; les cerfs peuplaient les immenses forêts de l'Armorique, et peut-être y trouvait-on encore ces aurochs sauvages que Charlemagne se plaisait à poursuivre. Le roi breton partait souvent à l'aube sur un de ses coursiers de petite taille, aux yeux ardents, aux noires crinières ; ses courtisans, ses amis le suivaient ; les grandes trompes sonnaient à l'envi, et les clameurs des chiens retentissaient dans les forêts sombres. C'étaient des fêtes superbes que les chasses du roi Noménoë, et la noble jeunesse bretonne tenait à grand honneur de s'y distinguer. En attendant de recommencer la guerre contre le Franc, on traquait le sanglier, afin d'entretenir la vigueur des membres et l'amour de la lutte et le plaisir de voir luire au soleil le « glaive bleu » chanté par les bardes.

Un soir, la chasse du roi Noménoë rentrait suivie d'un char dans lequel s'entassaient les victimes de la journée, dont tout l'honneur revenait au roi. Celui-ci causait gaiement avec deux compagnons de bataille, quand il vit sortir de la lisière du bois six vieillards hâves, vêtus de longues robes brunes, et marchant pieds nus dans la poussière du chemin. Une courroie de cuir ceignait leurs reins et un crucifix de bois était passé dans leur ceinture. Sur leurs fronts chauves retombait un capuchon de bure, encadrant des visages ascétiques. Leur teint pâle, leurs yeux caves, racontaient une vie de pauvreté, d'austérités, de misères.

En les apercevant, le roi Noménoë arrêta son cheval.

— Où allez-vous, hommes de Dieu ? leur demanda-t-il.

Les vieux moines inclinèrent leurs têtes blanches.

— Père de la patrie, répondirent-ils, nous souhaitons consacrer notre vie à prier Dieu pour votre bonheur et l'accroissement de votre gloire..... Mais nous sommes pauvres, si pauvres que nous dormons dans les cavernes et les forêts.... Faites-nous don de terres que nous puissions cultiver, afin qu'il nous soit possible de vivre.

— Des terres, répondit Noménoë en embrassant d'un regard la vallée de la Rance, je puis vous en donner dans ce lieu même, un des plus charmants de l'antique Domnonnée... Je puiserai dans mes trésors pour vous bâtir un monastère, et, s'il le faut, je ferai de nouveau la guerre aux Francs afin de vous enrichir.

Les six moines levèrent leurs mains au ciel en signe d'action de grâces

Le roi reprit :

— Avez-vous des reliques ?

— Nous sommes dénués de tout, Père de la patrie.

— Cependant, reprit le roi, il est d'usage de placer une église, une abbaye, sous l'invocation d'un saint ; le corps d'un Bienheureux est la protection du cloître et de l'autel. Obtenez des reliques du Saint-Siége ou de l'un de nos monastères, et revenez demander à Noménoë l'exécution de sa parole royale.

Les moines s'inclinèrent plus bas encore, la chasse reprit sa course, et les vieillards immobiles et muets la regardèrent s'éloigner au milieu du flot de poussière soulevé par le galop des chevaux.

— Frère Condan, dit le moins âgé des cénobites, Noménoë nous a fait une objection grave ; il a raison, nous avons besoin d'un corps saint... Mais à qui le demander ? comment l'obtenir ? Exténués comme nous le sommes, irons-nous jusqu'au prince des Apôtres pour le supplier de nous accorder les reliques d'un martyr ? Hélas ! pas un de nous ne serait capable d'entreprendre un pareil voyage, ou, s'il en avait la témérité, il pourrait être certain à l'avance que ses os resteraient dans quelque bourgade ignorée.

— Vous avez raison, dit Condan d'une voix découragée, nul de nous ne reviendrait de Rome.

— Que faire ? que faire ? demanda frère Apothème.

— Je suis le plus jeune, reprit le moine qui avait déjà pris la parole, aussi je vous soumets une idée, sans garder la prétention de vous donner un conseil... Si vous n'êtes pas le plus robuste, frère Condan, vous possédez du moins une éloquence à laquelle il est difficile de résister. Dans la négociation qu'il s'agit d'entamer, la prudence et l'habileté sont tout. Partez, allez dans les monastères voisins de la côte, franchissez la Manche s'il le faut, persuadez à quelques moines de la Grande-Bretagne de quitter leurs brouillards pour ce pays admirable. Attirez ici des hommes de Dieu qui nous feront part de leurs trésors sacrés et recevront en échange une place dans la nouvelle abbaye.

— L'avis peut être bon, dit Condan, nous prierons durant toute la nuit pour que le ciel répande sur nous ses lumières.

Les moines se perdirent de nouveau sous l'ombre des grands chênes, et longtemps après que la terre eut apaisé ses bruits, leur voix s'éleva dans le silence pour appeler la bénédiction du ciel.

Le lendemain, dès l'aube, Condan dit à ses frères en bouclant sa ceinture de cuir :

— Je pars pour Jersey et, s'il plaît à Dieu, je vous rapporterai des reliques.

Le vieux moine chemina à pied jusqu'à la côte, obtint passage pour l'amour de Dieu dans une pauvre barque mal pontée et faisant tellement eau, qu'il devint indispensable de manier l'écope toute la nuit. Mais le vieillard se regardait comme trop certain d'accomplir une œuvre méritoire pour croire un naufrage possible. Il aborda heureusement sur la terre de la Grande-Bretagne, supplia le ciel de bénir les braves marins qui l'avaient conduit et se rendit au monastère le plus proche.

C'était plutôt une vaste maison qu'un couvent ; les

frères y étaient peu nombreux, pauvres, et les aumônes n'abondaient pas sur les roches au sommet desquelles leur demeure s'ouvrait vers le ciel. Mais en dépit des privations qu'ils s'imposaient, de leur existence mortifiée, l'esprit de charité vivant dans leurs âmes ne leur permettait jamais de négliger les lois de l'hospitalité ou de la charité. Les pauvres emportèrent plus d'une fois le maigre souper des moines, et lorsqu'un grand nombre de voyageurs imploraient leur hospitalité, il leur arriva souvent de dormir sur la terre nue de leurs cellules.

Ce fut à la porte de ce couvent véritablement apostolique que Condan frappa vers la fin d'une journée d'octobre.

Dans la Petite-Bretagne, à pareille heure, le soleil aurait à peine disparu derrière les montagnes d'Arhès, incendiant le ciel et baignant de clartés magiques la cime des grands bois; mais à Jersey le brouillard enveloppait le monastère, le souffle d'un vent dur et froid courbait les maigres arbrisseaux grandis entre les roches, et les oiseaux effarés, au cri rauque, tournoyaient en gémissant autour du promontoire, paraissant répondre à l'appel des oiseaux messagers et prophètes de la tempête.

Condan, après avoir soulevé le marteau, se retourna pour embrasser d'un regard le paysage qui s'offrait à ses yeux. Il présentait l'image de la désolation.

— La nature elle-même se fait ma complice, pensa-t-il, Dieu veuille m'aider, maintenant, et la victoire est certaine.

Le bruit d'une sandale traînant sur les dalles apprit à Condan qu'un frère approchait, et une seconde après la porte s'ouvrit toute grande.

En reconnaissant un religieux dans le voyageur, le frère portier murmura une parole de remerciement à Dieu.

— Heureux le toit qui vous abritera, mon frère, dit-il d'une voix douce.

Condan récita un *Ave* sur le seuil, tandis que trois coups de cloche prévenaient le supérieur d'une visite importante.

Il se présenta bientôt.

C'était un homme grand et robuste, blanc de visage, aux cheveux formant une couronne touffue au-dessus d'un front magnifique ; l'œil bleu, grand ouvert, annonçait à la fois la bonté et la franchise.

Condan se sentit tout de suite attiré vers lui.

Les frères devaient dans quelques instants se rendre au réfectoire, un couvert fut ajouté pour le voyageur et bientôt les religieux du couvent de Jersey et le moine mendiant de la forêt de Dinan se trouvèrent assis à la même table.

Durant le repas nul ne parla ; un frère monté dans une haute chaire faisait une sainte lecture. Condan l'écouta peu, il se demandait comment il entamerait un entretien difficile, et dans sa hâte de revenir vers ses compagnons, il ne voulut pas même remettre au lendemain les ouvertures qu'il devait faire.

Les grâces dites, les moines passèrent dans la salle de la communauté.

Condan fut entouré, sinon questionné, et sans parler d'abord de lui et de ses projets, il amena l'entretien sur le magnanime Noménoë, à qui la Bretagne devait la liberté, la gloire et la richesse ; il raconta les grandes choses accomplies par le vaillant Breton pour l'exaltation de la foi, compta les couvents bâtis par lui, les églises fondées, traça les plans magnifiques de nouvelles abbayes et sut exciter dans l'esprit des moines de Jersey une admiration profonde pour le libérateur de la Petite-Bretagne.

Puis, presque sans transition, il compara la situation des moines de Jersey et de leurs frères avec celle des religieux de France. Les Pictes et les Scots ne pouvaient déposer les armes; l'incendie et le pillage ruinaient chaque année des monastères ; d'ailleurs, même en temps de paix, la nature paraissait se déchaîner contre ceux qui avaient fait vœu de complet renoncement. Le couvent de Jersey semblait un nid de goëlands livré aux rafales de la tempête. Que récolter sur un rocher stérile où s'accrochaient le goëmon jaune et les larges fucus bruns ?

—Si vous connaissiez notre patrie ! s'écria Coudan en terminant, si vous aviez vu la Rance bleue comme le ciel, dont les berges fleurissent au souffle de mai ; si vous aviez pénétré dans les bois qui l'avoisinent, admiré les moissons que le soleil fait mûrir sur les pentes, compté les troupeaux paissant dans les prairies que baigne ce doux fleuve, vous comprendriez la Terre Promise, et vous vous écririez comme les apôtres : — « Seigneur, bâtissons-y notre tente ! »

Le supérieur poussa un soupir :

— Notre vie est dure, dit-il, notre récompense sera grande.

— Je la mesure à l'équité du Seigneur ! répartit Condan ; mais tout en acceptant le sacrifice de notre vie, l'immolation de notre volonté, les macérations de nos corps, le Seigneur souhaite que nous répandions autour de nous le plus de bien possible. Or dans ce lieu sauvage sur cette plage aride, que pouvez-vous faire ?

— Nous prions, dit un frère.

— Nous étudions, ajouta un novice.

—Mais pour vos études les documents mêmes doivent vous manquer. Dans les pays ravagés par la guerre, les manuscrits sont rares. La science a besoin de tranquillité, plus que la prière peut-être ; car toute place est bonne pour s'y agenouiller et crier son amour à Dieu, tandis qu'on ne peut compulser les chroniques sans pièces à l'appui, ni écrire l'histoire d'un pays sans preuves authentiques.

— Certes ! certes ! mon frère ! et si la pensée du Seigneur ne suffisait à remplir une vie terrestre, nous aurions souvent regretté d'avoir pour demeure un couvent disputant un rocher aux sauvages mouettes des grèves.

— Vous êtes peu nombreux ? demanda Condan.

— Dix seulement, mon frère ; oserai-je vous demander combien votre communauté compte de moines ?

— Moins encore, mon père, six.

— Cette maison fut fondée par deux frères résolus à donner à Dieu leur âme en ce monde afin d'être sûrs qu'elle fût heureuse dans l'autre. Ils se rendirent à Rome à pied, et le pape daigna les bénir et leur donner des reliques précieuses...

Le cœur de Condan battit dans sa poitrine.

— Quelles sont ces reliques ? demanda-t-il.

— Celles de saint Magloire ; elles ont jusqu'à ce jour protégé notre pauvre maison.

— Et je suis sûr, reprit Condan, qu'elles réaliseront pour vous quelque miracle. Je vois dans l'avenir, sur les bords de la Rance, s'élever une magnifique abbaye bâtie dans le style roman le plus pur ; une vingtaine de moines y partagent leur vie entre la méditation et le travail ; les terres de l'abbaye suffisent non-seulement à l'entretien des moines, mais au soulagement de tous les pauvres de la contrée. On y vient en pèlerinage autant pour honorer les reliques de saint Magloire que pour consulter les doctes moines de Léhon.

— Léhon ? répéta le supérieur.

— Oui, reprit Condan. Léhon est la plus poétique situation de la Bretagne : la rivière qui baigne ce territoire se perd dans la mer ; les montagnes d'Arhès le dominent, des bois l'environnent ; si le paradis peut être dans un coin de la terre, c'est à Léhon qu'on le doit trouver.

— Mon frère, dit le supérieur d'une voix émue, pensez-vous donc que le roi Noménoë...

— Noménoë, le père de la patrie, m'a promis Léhon, ses bois, ses terres, son fleuve ! Il fera démolir une ruine romaine pour construire les murs de l'abbaye ; nous sommes six, et nous vous offrons l'hospitalité.

— Eh bien ! mon frère, dit le supérieur, il nous sera peut-être possible de l'accepter quand l'abbaye sera bâtie.

Condan secoua la tête.

— Mon révérend, dit-il, ma situation est si délicate que sans votre charité je ne parviendrai point à triompher des difficultés qu'elle présente... Je vous offre la moitié de Léhon, mais à la condition que vous m'aiderez à fonder le monastère dont Noménoë m'a fait la promesse.

— Et que peuvent pour vous les moines de Jersey, mon frère ?

— Vous pouvez, répondit Condan en s'animant, quitter votre couvent abandonné aux vents du nord, et n'emportant avec vous que les vases sacrés et la châsse de saint Magloire, attendre avec nous que le roi ait tenu sa parole.

— C'est grave, bien grave ! répéta le supérieur.

— Songez combien peu de peine vous supporterez en échange d'un changement si grand dans la condition de vos frères. Le pays évangélisé par nos soins, la science cultivée, la charité répandue à profusion, vos noms bénis par les pauvres, la gloire du Seigneur exaltée. Ici, au milieu de ce peuple sauvage, que chaque bataille sanglante rejette dans la barbarie, il vous est impossible de travailler efficacement à la vigne du Seigneur ; mais dans la Petite-Bretagne, quelle différence! Les Bretons ont accepté la foi avec enthousiasme. La croix s'est dressée sur leurs menhirs et désormais ils périraient jusqu'au dernier plutôt que de renoncer à leur croyance. La poésie austère de leur culte a fait place à la grâce chrétienne ; leurs bardes ont attendri les cordes saintes de leurs harpes pour chanter le fils de la Vierge Marie. L'harmonieux Merlin lui-même a courbé son front sous l'eau baptismale. Venez! la Bretagne est le pays des montagnes de granit, des forêts mystérieuses, des nobles cœurs et des grands héros!

Le supérieur garda un moment le silence, puis il interrogea des yeux les moines de Jersey.

Le langage de Condan avait porté la conviction dans leurs esprits, et sur le visage de chacun d'eux se lisait l'expression de la curiosité.

— Allons au chœur, dit le supérieur.

Une heure après, Condan recevait une promesse formelle, et le départ des moines était fixé à la semaine suivante.

Il s'effectua avec une certaine pompe. La châsse de saint Magloire, portée sur les épaules des moines, étincelait aux rayons du soleil. Dans un coffre se trouvaient renfermés les vases et les ornements sacrés.

Condan marchait le dernier, le visage rayonnant de joie à la pensée qu'il verrait fonder pour lui et les moines de Jersey une des plus belles abbayes de la petite Bretagne.

En attendant qu'elle fût construite, le couvent de Saint-Jacut offrit l'hospitalité aux seize religieux que protégeait si visiblement saint Magloire.

Noménoé paya sa dette en roi ; les pierres de la tour romaine et du château démantelé fournirent les matériaux, une armée de tailleurs de pierre et de maçons s'installa sur les rives de la Rance, et pendant un demi-siècle on se souvint dans le pays de la magnificence des pompes déployées le jour de la bénédiction du monastère et de l'installation de la double famille monacale de Bretagne et de Jersey.

A partir de cette époque, les revenus de l'abbaye ne firent que grossir ; les comtes de Cornouailles la comblèrent de présents ; chaque famille noble s'empressa de lui léguer un souvenir, et quand on voulait parler de fabuleuses richesses, on citait celles de l'abbaye de Léhon.

L'histoire de la fondation du célèbre monastère était bien connue de Patira ; depuis qu'il venait étudier sous la direction du père Athanase, il avait lu assez de chartes, déchiffré assez de manuscrits pour connaître une partie des trésors possédés par ses moines.

Les jours de grandes fêtes, sur l'autel rayonnant, s'entassaient les chandeliers d'argent massif, les ostensoirs incrustés de pierreries, les coupes merveilleuses, les châsses royales. Sur le front des madones couronnées comme des reines étincelaient des diadèmes éblouissants, et, pour doubler la magnificence de ce spectacle, des lampes d'or descendant du plafond, balançaient leurs clartés et faisaient saillir les verts reflets de l'émeraude, les lueurs douces du saphir, les scintillements ardents du rubis, et les feux irisés des brillants montés en gerbes.

C'étaient ces merveilles qui, plus d'une fois, avaient excité la convoitise de Jean l'Enclume, et dont le souvenir troublait ses nuits jusqu'à lui faire souhaiter qu'un règne de sang et d'épouvante mit à sa discrétion les moines pantelants et les trésors qu'ils gardaient au Dieu dont ils étaient les dépositaires.

Quand Patira entendit le père Athanase réclamer de lui le secret, dût-il le payer de sa vie, il comprit qu'il s'agissait du trésor de Léhon, dont tant de fois devant lui on avait parlé durant les veillées.

L'apprenti de Jean l'Enclume le devait d'autant mieux croire que rien dans le couvent, dont il connaissait les moindres salles, ni dans la sacristie, dont il avait maintes fois ouvert les armoires, ne lui faisait soupçonner que les richesses du couvent fussent enfermées là. Un coup de main eût été trop facile, en vérité ; les protégés du roi Noménoë s'étaient prémunis d'avance contre les rapines des Normands toujours embusqués sur les côtes, ou la méchanceté sacrilége des bandits armés qui, depuis les Bagaudes, ne s'étaient jamais entièrement dispersés.

Le père Athanase ouvrit une porte, alluma une lanterne et, s'appuyant à la muraille, il descendit une vis dont l'extrémité se perdait dans des profondeurs insondables.

Mais depuis qu'il avait vu le cachot de Coëtquen, Patira ne pouvait ni s'étonner ni reculer. Il descendit sur les pas de l'abbé l'escalier de pierre se perdant au fond d'un abîme, et n'adressa pas même une question au père Athanase.

Celui-ci éleva sa lanterne en face d'une porte massive bardée de bandes de métal, boulonnée de clous, travaillée comme une porte espagnole, puis introduisant une forte clef dans la serrure il ouvrit et sans effort le lourd battant garni de bronze.

Le père Athanase passa le premier, alluma une torche scellée dans la muraille, puis il dit à Patira en lui désignant les panneaux de cette pièce immense :

— Regarde.

Tout autour de la grande salle souterraine étaient scellés à la muraille des coffres que nulle main n'était capable de soulever ; des cadenas énormes, des blindages de fer, paraissaient défier les audacieuses pesées. De hautes armoires alternaient avec les coffres, et il semblait aussi impossible d'ouvrir les unes que de forcer les autres.

Patira se crut arrivé dans la salle mystérieuse où les moines renfermaient le trésor de l'abbaye.

Le père Athanase comprit la pensée du jeune homme, sourit mystérieusement, lui fit signe de s'asseoir sur un des grands coffres et lui dit d'une voix grave :

— Pour quiconque tenterait de violer le secret de l'abbaye de Léhon, cette salle renferme nos richesses. Ces coffres immenses, ces armoires fabriquées avec tant de soin ne peuvent avoir d'autre destination que celle de contenir des valeurs incalculables... Quand le sage Condan dont tu connais l'histoire obtint du roi Noménoë les pierres d'un château démantelé pour élever nos murailles, la guerre passait et repassait sans fin sur la Bretagne dévastée. Il semblait que le sort des abbayes fut d'être régulièrement pillées, par chaque horde normande qui montait dans ses barques. La piété des fidèles avait-elle rendu aux couvents une part de leurs richesses, quelques années de repos permettaient-elles d'oublier les sacrilèges, les pillages, les incendies, soudain le même fléau passait sur les côtes, ravageant et massacrant tour à tour.

Condan avait assez souffert par les Normands pour se mettre en garde contre leurs attaques ; il résolut de créer au-dessous de l'abbaye romane, une abbaye souterraine afin que les moines pussent en un jour de crise trouver un abri dans les entrailles mêmes du sol. Ce ne fut pas tout. Soucieux de la vie de ses enfants il se montra prévoyant dans la garde des richesses dont la munificence des princes les pouvait combler, et il traça le plan merveilleux des doubles souterrains de Léhon.

Le père Athanase prit un rouleau de parchemin dans sa poitrine :

— Vois, dit-il à Patira... tu reconnais l'escalier par lequel nous venons de descendre, la chambre dans laquelle nous sommes.

— Oui, mon père.

— Sonde maintenant les murailles, cherche avec la patience d'un Breton et l'habileté d'un ouvrier une issue quelconque dans ce souterrain.

L'adolescent prit la torche, mais il fit vivement résonner chaque pan de muraille, il ne trouva nulle part une sonorité plus grande indiquant l'existence d'une porte.

— Les anciens maçons étaient habiles! dit le père Athanase.

L'abbé posa son doigt sur le plan, de façon à désigner un point noir à Patira, puis se levant il compta les pierres de la muraille, plaça la main sur l'une d'elles en appuyant son pied sur une trappe invisible, et soudain un pan de muraille s'écarta de façon à livrer passage au vieillard et à son compagnon.

Un second escalier composé seulement d'une dizaine de marches se trouvait en face du père Athanase. Il le descendit, promena sa torche autour des murs, et sourit en entendant le cri que l'admiration arrachait à Patira.

— Quelque jour, mon enfant, dit le moine à l'adolescent, je te permettrai de voir en détail ces incomparables richesses. Il s'agit aujourd'hui de les défendre.

— Qui donc les convoite, mon père?

— Je t'ai parlé des Normands semant jadis la ruine sur nos côtes; eh bien! mon fils, je te le jure, les crimes de ces misérables ne furent rien à côté de ceux qui se préparent. Tu es trop jeune encore pour comprendre la marche terrible que vont suivre les événements.... un roi captif, une prison démolie, qu'est-ce que cela? disent quelques-uns; la liberté sera rendue à Louis XVI et la France ne manque pas de donjons pour y enfermer les prisonniers de marque... Mais le peuple a secoué l'arbre mortel de la liberté ; il en a mordu les fruits vénéneux, le poison révolutionnaire coule dans ses veines, comme le venin s'infiltre dans le sang d'un homme piqué par un reptile... le tigre qui a goûté le sang ne s'arrête pas, et le peuple a massacré à Paris des hommes coupables seulement de remplir leur devoir. La révolution va s'abattre sur nous comme une trombe, elle ne laissera rien debout de ce qui fut grand, elle crachera sur tout ce qui faisait l'objet d'un culte, et les hordes d'Attila, les bandes normandes répandirent moins de sang que ne le feront des misérables poussés à tous les crimes par ceux qui espèrent en profiter.

— Mon Dieu ! mon Dieu ! murmura Patira.

— Jamais depuis que les guerres de pirates sont finies, nous n'avons sérieusement tremblé pour nous et pour nos trésors ; toutes les agitations n'aboutissent pas au sacrilége et à l'incendie ; nous avons souffert de bien des luttes et reçu le contre-coup de plus d'une défaite, mais depuis la pacification de la Normandie et la conquête de l'Angleterre par un duc français nul ne nous a sérieusement menacés. La vieille Jacquerie ne s'en prenait pas aux moines. Mais cette fois le peuple aveuglé va se ruer sur les châteaux et les monastères, chacun voudra sa part de butin, et si nous ne sommes pas massacrés au pied de l'autel, nous connaîtrons du moins toutes les misères de l'exil. Nous retrempons notre âme par la prière, et nous avons le devoir de protéger l'héritage que nous ont légué nos pères et que nous devons rendre intact à nos successeurs... Ici est renfermé le trésor de Léhon. Chaque duc de Bretagne, chaque gentilhomme revenant de terre sainte y déposa son offrande. Cette croix d'or d'un travail fruste, toute étincelante de cabochons de diamants et de pierreries, est un souvenir de Noménoé ; ce grand calice nous fut offert par un descendant du roi Grallon; au pieux Charles de Blois nous devons cet ostensoir magnifique; la crosse abbatiale à crosse garnie d'émeraudes fut un cadeau du maréchal de Retz qui finit à Nantes sur un bûcher. Te raconter l'origine de chacune de ces merveilles serait te faire un cours d'histoire de Bretagne. Je préfère te montrer quelque jour la liste de nos richesses copiée et peinte par un de mes frères. Oublie en ce moment les magnificences renfermées dans ce souterrain pour ne t'occuper que du souterrain même.

— J'écoute, mon père, dit Patira attentif.

— Sur le plan que je t'ai montré, une croix au centre de laquelle se trouve un disque de métal t'indique l'unique secret de notre défense. Il est aussi simple que puissant, il peut devenir terrible et mortel.

Patira leva les yeux sur le visage du père Athanase, puis il regarda de nouveau le plan et la croix de fer.

— Te souviens-tu de la légende du roi Grallon? demanda l'abbé de Léhon.

— Oui, mon père... le roi Grallon souverain de la Cornouaille, et dont la capitale était la ville d'Is, la plus belle cité du monde, avait fait construire des digues destinées à protéger la cité contre les débordements de la mer. Grallon ne quittait jamais les clefs d'or des écluses; le salut de tous en dépendait. Une nuit, sa fille Ahès les déroba pour les confier à un ennemi de son père, le misérable ouvrit les portes, et la ville d'Is se trouva submergée.

— L'histoire de la ville d'Is et celle de l'abbaye de Léhon sont semblables, sauf que l'écluse est encore fermée et que sans nul doute les gonds en sont rouillés.

Le père Athanase tira une clef de son sein.

— Rends-toi bien compte de la situation de cette pièce souterraine, dit-il à Patira; nous nous trouvons au-dessous de la Rance : si je parviens à ouvrir la porte que

tu vois, l'eau fera invasion dans la chambre du trésor...
Troublé par des prévisions sinistres j'ai tenté l'autre jour de m'assurer du jeu de la clef et des gonds, tout est rouillé, souillé, usé. Tant d'années ont passé depuis qu'on a tenté de faire jouer ces mécanismes, chef-d'œuvre d'un artiste mort avec son secret et le nôtre...Essaie toi-même le *fignoleur*, si tu ne peux réussir à rendre son jeu à cette serrure, étudie s'il te serait possible de la remplacer et de forger une clef nouvelle.

— Le père Athanase remit à Patira une clef rouillée que le *fignoleur* tenta vainement d'introduire dans la serrure de la porte servant d'écluse souterraine à la Rance; la clef ne tourna pas.

L'ouvrier prit dans sa poche un morceau de cire, leva l'empreinte, puis il dit au père Athanase après un moment de réflexion :

Il ne s'agit point d'un mince labeur, mon père, mais d'une tâche difficile; certes, je crois avoir laborieusement étudié les secrets de mon métier de forgeron ; mais subitement vous voulez faire de moi un mécanicien, et j'avoue en toute humilité manquer sinon de courage, du moins de confiance dans mes forces...

— L'intelligence suppléera à ce qui te fait défaut, mon enfant; et puis, crois-le, Dieu viendra en aide à ton labeur ; ce que tu veux protéger c'est la fortune de sa maison, il te donnera le moyen de la défendre.

Le jeune artisan secoua la tête :

— Vous m'avez dit, mon père, en me désignant ces portes énormes servant d'écluse à la rivière : « quand elles s'ouvrent, la Rance se précipite dans cette pièce...»

—Oui, mon enfant, jusqu'à une hauteur de douze pieds; aussi vois-tu que le trésor est renfermé non dans des armoires, mais dans des excavations profondes, creusée en pleine pierre ; les ais de bois refermés, tout a disparu, et si, par impossible, des bandits découvraient cette cachette, ils ne pourraient ouvrir complétement les panneaux de bois qui les renferment, sans mettre en jeu le terrible ressort qui, ouvrant les portes de l'écluse, noierait infailliblement les sacriléges.

— C'est le secret de ce mécanisme qu'il s'agit de découvrir, reprit Patira ; oh ! je puis répondre de savoir le copier et le mettre en place quand je l'aurai trouvé, mais le trouverai-je jamais...? Dans tous les cas, le labeur sera long, je devrai exécuter des pièces compliquées, difficiles ; je redoute la perte du temps si je multiplie les courses des *Forges de Saint-Éloi* à l'abbaye; si vous le permettez, mieux vaudrait ce me semble installer dans la salle des coffres de fer une enclume portative, et y travailler sans repos jusqu'à l'achèvement de ma tâche. De cette façon il me serait possible d'étudier sous vos yeux le plan que vous tenez à la main, et de chercher avec le père chargé du soin des livres, si quelque document très-ancien ne contient pas de détails sur le mécanisme de l'écluse.

— Bien, mon enfant, dit le père Athanase, ce moyen me semble en effet plus prudent, plus rapide et plus sûr. Préviens Servan que tu passeras deux semaines à l'abbaye, et reviens demain matin muni d'un attirail de forgeron.

Le père Athanase ajouta en se tournant vers l'angle droit de la salle du Trésor :

— Tu vas connaître le dernier des mystères de Léhon.

Après avoir cherché un boulon de fer dissimulé avec habileté, le vieillard y appuya la main et une ouverture assez large pour livrer passage à deux personnes se démasqua.

Un air froid souffla au visage de Patira, une chauve-souris aveuglée s'engouffra dans la salle.

— Ce souterrain aboutit à la forêt, dit le moine.

Il referma la porte, éteignit les torches et reprit le chemin du cloître suivi de Patira devenu songeur.